图文版

物业管理与服务实操应用全案

WUYE GUANLI YU FUWU SHICAO YINGYONG QUANAN

邢建钢　主编

中国工人出版社

图书在版编目（CIP）数据

图文版·物业管理与服务实操应用全案/邢建钢主编. —北京：中国工人出版社，2013.9
ISBN 978-7-5008-5607-8

Ⅰ.①物… Ⅱ.①邢… Ⅲ.①物业管理—商业服务 Ⅳ.① F293.33

中国版本图书馆 CIP 数据核字（2013）第 225884 号

图文版·物业管理与服务实操应用全案

出 版 人 李庆堂
责任编辑 张海元 李素素
责任校对 赵贵芬
责任印制 栾征宇
出版发行 中国工人出版社
地　　址 北京市东城区鼓楼外大街 45 号 邮编：100120
网　　址 http://www. wp-china. com
电　　话 （010）62350006（总编室）；（010）62005039（营销出版部）
（010）62382916（职工教育分社）
发行热线 （010）62005996（分社发行电话）；（010）82075964（分社传真）
经　　销 各地书店
印　　刷 北京睿特印刷厂
开　　本 787 毫米 × 1092 毫米 1/16
印　　张 17.5
字　　数 280 千字
版　　次 2013 年 10 月第 1 版 2013 年 10 月第 1 版第 1 次印刷
定　　价 38.00 元

PREFACE 本书导读

在我国，物业管理行业发展非常迅速。据《2013–2017年国际物业管理行业发展经验分析报告》统计，经过30多年的发展，目前我国大大小小的物业公司总数将近7万余家，住宅物业管理规模达到120多亿平方米，一线城市物业管理服务收入占到当地GDP的2.5%以上。

随着社会的不断发展，人们的生活水平也在不断提高，对物业管理和服务水平的要求也越来越高。但由于简单的、粗放式的物业管理方式仍然大量存在，导致各种物业管理问题层出不穷，纠纷不断出现。同时，随着物业公司的增多，物业管理行业竞争也在不断加剧。

要想减少物业管理问题，同时在竞争中获胜，物业公司各级管理人员必须通过不断地学习，提高自己的管理和服务水平，向业户提供更优质的服务。

基于此，我们在多年探索和研究的基础上，结合物业公司的特点和实际工作的需要，编写了《图文版·物业管理与服务实操应用全案》一书，为物业管理人员的学习与工作提供良好的参考。

本书重点内容如下：

◇第一部分“怎样避免物业管理不规范”，明确指出物业公司在物业安全管理、消防安全管理、物业服务管理等方面可能存在的各种不规范行为，并明确提出实行规范化管理应当注意做好的工作、采取的措施、防范的事项等，如要避免监控失误，应配备完善的监控系统，并加强监控中心的管理等。

◇第二部分“怎样规范物业管理组织架构”，明确列举了物业公司的组织架构，同时根据该架构，列举了相应的岗位职责，如保安部主管的岗位职责、大堂保安员的岗位职责等。

◇第三部分“怎样规范物业管理工作流程”，将物业管理工作的各项重点内容以流程的形式清晰地展示出来，方便读者按照流程进行学习并用于实际工作中，如巡逻签到流程将巡逻签到分为“巡逻”“签到”“检查”等步骤，当需要进行巡逻签到时，即可按照这些步骤进行。

◇第四部分“怎样进行物业专项管理”，将物业安全管理、物业服务管理、物业工程管理的核心内容分为专项制度管理、专项表格管理两大板块加以讲述，其中专项制度管理部分则列举了物业管理的各项规范化制度，而专项表格管理部分则列举了物业管理工作中最常用的一些表格。

本书板块设置精巧，以简洁精确的语言对物业管理进行了非常生动、全面的讲解。读者在将本书内容运用于实际物业管理工作中时，要注意按照本书要求采取措施，避免各种不规范行为的发生，按规定履行自己的岗位职责，同时按照各种流程开展日常管理工作。当需要用到各种制度和表格时，读者可以根据需要从本书中调取，以便即学即用。

CONTENTS
目录

第一部分　怎样避免物业管理的不规范

现在的物业管理中存在很多不合规范的行为，不规范的行为会使管理出现漏洞，导致物业服务不到位，最终引发投诉，因此，物业公司在管理中需加强规范化管理。

第一章　物业安全管理八项避免

物业安全管理包括治安管理、消防管理、道路与车辆管理和突发事件的处理。安全管理疏忽不得，尤其是一些细节稍不注意，就可能导致安全隐患发生。本章着重介绍物业安全管理中应避免的事项，以最大限度地保证物业小区的人、财、物的安全。

第二章　消防安全管理八项加强

消防管理在物业管理中占有头等重要的地位。物业管理中最常见的意外事故之一是火灾，给业户的生命、财产带来最大危害的也是火灾，搞好消防工作是物业安全和社会安定的重要保证。

第三章　物业服务管理九项要求

物业服务的根本是对人的服务，为业户提供优质、高效、快捷的人性化服务是物业公司立足发展的根本。服务质量的优劣直接影响到业户的满意度以及物业服务费的收缴率。良好的物业服务也直接关系到业户对物业公司的印象和看法。

第四章　物业工程管理七项防范

物业工程管理的主要任务是对小区公共设备设施进行综合管理，做到设备设施的合理装备、择优选购、正确使用，或指导相关使用部门正确使用，精心维护、科学检修并适时更新，保持设备设施的完好。

第五章　物业收费管理八项注意

物业服务收费是许多物业公司遇到的难题，部分业户拒交、少交、不交物业费的现象层出不穷，由收费难引发的纠纷不断上演，因此，物业管理人员在收费时应严格注意一些必要的事项，如收费时实施人性化管理等，确保如数收到相关费用。

第六章　小区车辆管理七项提高

由于对停车场位、停车场库重视不够，或者对车辆发展速度估计不足，尽管一般的住宅区、商业区、工业区都留有停车场位或设有停车场库，但是停车车位大都严重不足，造成车辆乱停乱放；加之车辆种类、型号、吨位的复杂，使得管理人员日益头痛。但无论怎样，在已有停车场的基础上，物业公司要想办法做好车辆的安全管理。

第七章 社区文化建设四项重视

社区文化工作是物业企业为业户提供的一项重要的增值服务。一所物业如果拥有良好的生活方式、文化氛围和文化底蕴，将会使该物业的品牌知名度和品牌美誉度得到进一步的提升，给物业注入一种强大的文化内涵。这种文化内涵将成为物业的“灵魂”，成为该物业的特有标志。

第八章 物业环境管理八项措施

良好的物业环境在为业户带来舒适的同时，会提升整个物业的价值。物业环境的管理并不局限于清洁卫生和绿化工作，还包括治理环境污染（包括空气、水体、声、光、电），清除物业区域内的违章搭建等。

第二部分 怎样规范物业管理组织架构

规范的组织架构有利于物业管理工作的顺利开展，提高管理效率，同时也能减少发生各种问题的概率。

第一章 保安部的组织架构与岗位职责

保安部是物业公司的常设部门，在一些物业公司被称为秩序维护部、护卫部、安全部，这个部门全面负责物业区域内的治安、消防工作，维护物业区域的工作秩序，及时有效地处理各种突发事件，做到寓安保工作于服务之中。

第二章　客户服务中心组织架构与岗位职责

客户服务中心是物业管理处的职能部门，直接对管理处经理负责，主要承担着为小区业户提供各项服务的重要职责，规范的组织架构有利于提供更好的物业服务。

第三章　工程部的组织架构与岗位职责

工程部是维持小区各项设备设施正常运转的一个重要部门，也是各物业项目管理处常设的一个部门，主要负责小区的房屋管理、工程维修、道路维修、机电设备的检查保养等工作，保证管理处的日常运转。

第四章　环境管理部组织架构与职责

环境管理部是负责所辖物业区域内的清洁卫生、园林绿化与养护工作，是使小区保持干净、整洁、优美的一个重要部门。该部门在每一个项目的物业管理处中是必不可少的。

第三部分　怎样规范物业管理工作流程

流程是一项工作从开始到结束的全部步骤，规范的物业管理离不开各种流程，如电话预订工作流程、书面预订工作流程等。只有按照这些流程进行，才能使工作有条不紊地进行。

第一章　物业安全管理流程

物业安全管理是指物业公司采取各种措施、手段，保证业户的人身、财产安全，维持正常生活和工作秩序的一种管理行为。物业安全管理流程即将安全管理中的各项业务梳理出来，确定每一业务的工作步骤，明确每一步骤的处理方法。

第二章　消防安全管理流程

消防安全是物业小区中安全管理的重要内容之一。消防安全管理的目的，就在于预防火灾的发生，最大限度减少火灾损失，为业户的工作、生活提供安全环境。规范化的流程有利于消防安全工作的开展。

第三章　物业服务管理流程

物业公司履行着服务的各项义务，一言一行，影响着业主或客户的认知，决定着物业服务质量的优劣和成败。服务流程的规范化则会使工作人员的服务更周全详尽、更尽善尽美。当然，服务流程设计一定要切中要害，分工要清晰明确，具有很强的实用性和针对性。

第四章 物业工程管理流程

物业工程管理的根本目标是管好、用好、修好、改造好现有设备，使物业设施设备经常处于良好状态中，不断提高设施设备的利用率及完好率，而规范化的业务管理流程有助于达到这一目标。

第五章 物业收费管理流程

物业公司为业户提供了物业服务，自然要收取一定的管理费用，这样才能保证公司的正常运营。在收取管理费的过程中，一定要有规范的流程，使整个工作有章有法、秩序井然。

第六章 小区车辆管理流程

随着人们生活水平的不断提高，私家汽车越来越多，加强物业区域内的车辆管理，维护小区的公共秩序，确保消防通道畅通，已经成为小区物业管理公司必须做好的一项经常性工作。

第七章　社区文化管理流程

具有特色的社区文化氛围，有利于促进业户之间、业户与物业服务者之间的交流沟通，更有利于物业的日常管理，因此，物业公司应将社区文化提上日程，并且将各项常规工作流程化。

第八章　物业环境管理流程

保洁和绿化是物业公司的常规工作项目，其目的是确保为业户提供一个优质、高效、洁净、舒服、优美的工作环境和生活环境。规范的作业流程有助于提升保洁和绿化的工作质量，从而达到管理目的。

第四部分　怎样进行物业专项管理

物业专项管理涉及物业安全管理、物业服务管理等多方面的工作，每个方面都不能忽视。

第一章 物业安全专项管理

物业安全管理是物业公司为防盗、防破坏和防灾害事故而对所管物业进行的一系列管理活动，目的是保障物业公司所管辖物业区域内的人身、财务安全，保护业户的正常生活和工作秩序。

第二章 消防安全专项管理

消防安全管理更是物业公司时刻要警惕的重要工作，因为一旦发生消防事件，例如火灾，会给业户的生命财产带来重大损失，同时也会给物业公司的财产和声誉造成重大影响。

第三章 物业服务专项管理

为小区业户提供特约、代办、维修等服务是物业公司的常规工作，物业经理要带领公司所有员工做好服务工作，为业户提供更多生活方便，使业户与物业公司之间的关系更为融洽。

第四章　物业工程专项管理

规范的工程管理是物业公司顺利运作的前提。业户的房屋、设备设施等得到良好地维护、保养，必然会提升客户满意度。

第五章 物业收费管理

物业管理是有偿性的服务行业。如果业户有意或无意地拖欠管理费，会使物业公司难以正常运作。物业公司收费人员必须做好管理费收取工作，既要为公司收取全部应收管理费，同时也要避免与业户发生纠纷。

第六章 车辆与停车场专项管理

为维护小区交通秩序，保障车辆、行人安全，物业公司必须对小区的道路与停车场加以管理，以确保小区道路上无乱停乱放的车辆，并将停车场的车辆管理得井然有序。

第七章　社区文化专项管理

物业公司应该积极组织社区文化活动，提高社区文化活力，同时促进物业公司与小区业户的良性互动，建立良好的合作关系，以共同创造一个和谐的小区。

第八章　物业环境专项管理

物业环境管理涉及保洁、绿化等各项具体工作。环境管理部门的人员应当按照相关制度、管理要求，做好各项工作，保证小区拥有一个良好的环境。

第一部分

怎样避免物业管理的不规范

现在的物业管理中存在很多不合规范的行为，不规范的行为会使管理出现漏洞，导致物业服务不到位，最终引发投诉，因此，物业公司在管理中需加强规范化管理。

第一章 物业安全管理八项避免

物业安全管理包括治安管理、消防管理、道路与车辆管理和突发事件的处理。安全管理疏忽不得，尤其是一些细节稍不注意，就可能导致安全隐患发生。本章着重介绍物业安全管理中应避免的事项，以最大限度地保证物业小区的人、财、物的安全。

避免01：保安员如何避免交接班工作出现问题

交接班是交班与接班者之间交流情况、明确双方在安全上的职责，保证安全工作连续运行的一项重要措施。保安员应避免在交接班工作中出现问题，具体措施如下图所示。

措施一 → 当班保安员向接班保安员详细介绍当班发生的事件及处理结果，以及其他待办的事项。

措施二 → 接班保安员必须认真听取交班保安员的介绍，做到“三明”，即上一班情况明，本班接办的事情明，物品器械清点、设备运行情况明。

措施三 → 交班保安员必须在下班前认真填好值班记录，交班前做到“三清”，即当班情况清，下一班交代的问题清，物品器械交接清。

措施四 → 当班保安员发现问题要及时处理，如未处理完接班保安员应协助处理。

保安员避免交接班工作中出现问题的措施

避免02：保安员如何避免在小区巡逻时漏检

巡逻是保安员按规定的巡逻路线和时间，对物业管理区域进行巡视、检查、警戒，发现、纠正和防范影响小区安全的各种因素，维持良好的工作和生活秩序的一种保安服务活动。保安员在物业小区巡逻时，应了解巡逻的内容和方法，尽量避免漏检，巡逻中关注的重点内容，如下图所示。

内容一	着重检查是否有可疑情况或可疑人徘徊、窥视。
内容二	检查是否有机动车停在消防通道、绿地、人行道、路口，在小区内是否有修车、洗车等违章现象。
内容三	检查是否有业主（用户）（业主是指小区房屋的所有人，用户是指小区房屋的租用人，为了简化叙述方式，本书以下简称“业户”）在室外动土施工、搭建和牵拉电线。
内容四	检查是否有未按规定的时间、要求进行违章装修的。
内容五	检查是否有违规饲养家禽和宠物的现象。
内容六	检查是否有乱摆卖现象。
内容七	检查是否有收捡破烂、乞讨等“三无”人员。
内容八	检查是否有乱堆放装修垃圾和生活垃圾的现象。
内容九	检查是否有高空抛物的现象。

保安员在物业小区巡逻时应避免漏检的内容

避免03：大堂保安员如何避免漏检携出物品

一些高档小区的大厦常常会设立大堂，大堂是人员进出的必经之路，人多、情况复杂，作为大堂岗保安员不仅要注意进出人员的动向，细心观察，更要对进出的物品进行检查，以确保业户的财产不被偷盗。大堂保安员可以通过以下措施查验携出物品，具体如下图所示。

措施一	见到有业户携出大件物品，要迅速主动地走近业户，礼貌地请业户出示“物品放行条”：“先生（小姐），您好！请问您是否有‘物品放行条’？”接到“物品放行条”后，认真检查是否规范、有效。
措施二	按照放行条上所列内容认真核查每一件物品。可用如下话语：“请您将包装箱或盒袋打开，让我核查一下里面的物品与‘物品放行条’上面写的是否一致，好吗？”核查完毕，要礼貌地说：“对不起，耽误您的时间了。谢谢您的合作！”
措施三	在工作条件允许的情况下，尽可能协助业户包装或搬运物品。
措施四	对于未办物品放行手续的业户，应要求其返回管理处补办手续。在这期间，如业户要求其代为看管携出物品，保安员一定要问清楚是否是贵重物品。如果是贵重物品，不可轻易代为看管。

大堂保安员避免漏检携出物品的措施

避免04：如何避免可疑人员进入小区

保安员在工作中，发现有异常情况的人员，通过观察、分析，确信其有可疑迹象的，应当重点观察，必要时要进行查问，以避免可疑人员进入小区。要避免可疑人员进入小区，物业公司可采取如下图所示的三大措施。

识别推销员	推销员一般西装革履、臂夹公文袋，袋内装有宣传广告单，进入大堂后喜欢看公司水牌。对于此类人应详细询问：“先生（小姐），您好！请问您有什么事，我能帮您吗？请您出示身份证登记。”当确认其确属推销员时，应劝其离开。
识别假身份证	有的人会持假身份证来登记，所以识别假身份证也是保安员应会的技巧之一。具体方法为：观察证件上的相片与持证人的相貌，细察脸形、眼、耳、口、鼻等特征，以及相片是否有可疑痕迹、印章清晰度等。
识别不明身份的人	要设法稳住，不露声色，迅速通知上级或同事前来协助处理。

避免可疑人员进入小区的措施

避免05：如何避免危险作业区发生危险

危险作业区是指物业小区中易发生人身安全隐患的地方，具体有配电房、高空、墙、煤气房、BTM室（自动气体灭火系统）、停车场、施工场地等。对以上有安全隐患的地方，物业公司应加强防范工作，避免发生危险，具体措施如下图所示。

措施一	完善相关管理制度，如制定施工现场的作业管理制度，严格规范现场的各项作业程序，以使作业人员有章可依，避免发生事故。
措施二	放置指示标志，物业公司可根据场地及工作性质设置危险标志、特殊房间标志，如“配电房”、“煤气房”等。
措施三	加强人员管理，如要求保安员对重点地段加强巡逻、增加检查工作的频次。

避免危险作业区发生危险的措施

避免06：如何避免对可疑爆炸物品处理失误

爆炸物品是指能够引起爆炸现象的物质，例如炸药、雷管、黑火药等。粉尘、可燃气体、燃油、锯末等在特定条件下可引起爆炸的物质，广义上也属于爆炸物。保安员巡逻时一旦发现可疑爆炸的物品，为避免处理失误，应采取以下措施，具体措施如下图所示。

措施一	小心检查或仔细观察包装情况，近距离倾听有无秒针滴答声，确定是否为爆炸物品。
措施二	如确定属爆炸物品，应立即通知当班人员报警，由警方派专员前来处理，同时做好警戒，疏散周围所有人员。
措施三	经过仔细观察，若该物品暂时没有爆炸的迹象，则用箱或桶等物品盛装，小心地拿到大厦外围空阔地带放置，做好警戒疏散工作，待警方前来拆除爆炸装置。
措施四	如属正在燃烧的导火线装置的炸药包，应立即切断导火线；如属易于拆除引爆装置的爆炸物品，应立即小心拆除引爆装置。
措施五	控制置放爆炸物品的嫌疑人员，交公安机关处理。

避免对可疑爆炸物品处理失误的措施

避免07：如何避免监控工作失误

监控是物业公司利用布设在物业管理辖区域内的监控系统（安防系统中应用最多的系统之一）来远程掌控物业安全状况的工作。监控工作是物业管理的重要组成部分，物业公司可以通过下列措施来避免监控工作失误，具体措施如下图所示。

措施一：配备完善的监控系统。物业公司需要配备完善的监控系统，采用最先进的监控设备，并合理地安装在小区的各个位置，全方位监控小区的各项状况。

措施二：加强监控中心的管理。监控中心必须24小时值班，值班人员在值班过程中必须集中注意力，全面观察小区的安全状况。保安部门主管要随时抽查监控中心工作人员的工作情况，发现有偷懒、懈怠等行为要立刻予以制止。

措施三：加强监控中心与巡逻保安员的协调管理。物业公司应加强监控中心与巡逻保安员之间的协调管理，使他们始终保持良好的沟通状况，以便一旦发现任何问题，监控中心可以及时通知保安员前往处理。

避免监控工作失误的措施

避免08：如何避免突发事件处理失误

突发事件是指那些不可预知的、突然发生的重大危害性事件，如地震、火灾等。为了避免对突发事件处理失误或不及时，物业公司应做好以下事项，具体措施如下图所示。

统一指挥：突发事件发生后，应由一名管理人员（一般是管理处最高级别的值班人员）做好统一的现场指挥、安排调度。

听从命令：所有工作人员应无条件服从现场指挥人员的命令，按要求采取相应的应急措施。

立即行动：突发事件发生时，物业管理人员不能以消极、拖延甚至是回避的态度来对待，而应主动出击，及时处理。

- **灵活多变**：对所发生的突发事件和危机应具体问题具体分析，即使已经有预案，但当情况发生变化时，不应墨守成规，应及时根据情况调整做法。
- **安全至上**：处理突发事件应以不造成新的损失为前提，不能因急于处理当前事件而不顾后果，不能因此造成更大的不必要的人身、财产损失。
- **团结一致**：物业管理人员应团结一致、同心协力地处理好突发事件和危机，把损失降到最低。

避免突发事件处理失误的措施

第二章　消防安全管理八项加强

消防管理在物业管理中占有头等重要的地位。物业管理中最常见的意外事故之一是火灾，给业户的生命、财产带来最大危害的也是火灾，搞好消防工作是物业安全和社会安定的重要保证。

加强01：如何加强消防队伍的建设

高素质的消防队伍对消防工作的顺利开展非常重要，物业公司可以采取措施加强消防队伍建设，具体如下图所示。

措施一	招聘保安员时，应加强对其消防安全管理知识与技能的考察，尽量选择消防安全管理能力强的保安员。
措施二	请当地消防管理部门的上级主管前来讲课，向物业公司消防队伍传授消防安全管理的相关知识与技能。
措施三	加强消防演练的强度和密度，增加消防队伍人员的实战经验。

加强消防队伍的建设措施

加强02：如何加强消防安全宣传

为了使小区业户与物业公司工作人员掌握和了解一些消防法律的基本常识和做好家庭的日常防火，使消防安全进万家，让消防工作深入人心，做到消防工作人人抓、人人懂，物业公司应该认真组织开展内容丰富、形式多样的消防安全宣传活动，从而提高小区业户和物业公司员工对消防工作的重视，具体操作时物业公司采取的措施如下图所示。

措施一	物业公司可通过广播、墙报、警示牌等多种形式，向业户宣传消防知识，营造起消防安全人人有责的良好氛围。

措施二	与业主委员会合作，建立业主消防安全队伍，使他们与物业公司一起开展宣传工作，这样更容易引起小区业户的重视。
措施三	经常举行消防演习，以最直观的演习向业户宣传消防安全。

加强消防安全宣传的措施

加强03：如何加强消防安全检查

消防安全检查是消防管理必不可少的一步，目的是督促消防设施的完善、保养，物业公司应落实消防安全检查制度，具体措施如下图所示。

措施一	加强消防安全检查，至少每月检查一次。同时加强检查的记录工作，并做好记录的存档。
措施二	加强员工消防技能的检查，具体措施包括考试、测评等，同时每次检查的结果也要如实记录，并作为该员工绩效考核的一部分。
措施三	加强消防标志物的检查。各类消防标志物在发生火灾事故时往往会发挥非常重要的作用，因此，物业公司必须加强对其的检查工作，发现破损或缺失，要立刻予以修补或更换。
措施四	加强消防通道的检查，这项工作必须每天进行，目的在于确保消防通道始终处于畅通的状态中。

加强消防安全检查的措施

加强04：如何加强对施工现场的消防检查

有时，小区会有一些施工活动，如装修施工、绿化工程施工等，施工活动中常会有动火作业，因此，物业公司要加强对施工现场的消防安全检查，以防患于未然，具体的检查内容如下图所示。

内容一	是否配置足量、适用的灭火器材。

内容二	是否有违章施工的行为。
内容三	是否有乱拉电线和电源接头、用裸丝代替插头的行为。
内容四	施工用的电器机具和临时照明灯具，是否按照要求采用橡皮电缆线路。
内容五	是否违反规定使用易燃、易爆物品。
内容六	是否违反物业公司相关规定，在施工现场生火、焚烧、抽烟等。
内容七	是否有未经许可，动用氧、电焊以及其他明火作业的行为，是否有足够的防火措施等。

加强对施工现场的消防检查内容

加强05：如何加强对火灾现场的扑救

火灾一旦发生，会给物业公司和业户带来巨大的经济损失甚至危及人身安全，所以，一旦发现火灾或接到火警，第一要务是组织人员扑灭火灾。为加强对火灾的迅速、有效扑救，物业公司应采取相应的措施，具体措施如下图所示。

措施一	接到火警后，必须立即调动应急分队赶赴火灾现场扑救火灾，同时了解何处、何物起火等基本情况。
措施二	按突发事件处理程序的要求，并结合当时实际情况，组织扑救。
措施三	及时向区域消防负责人汇报或及时报警。
措施四	待公安消防部门到达后，指派专人带路并引领取水。
措施五	及时组织保安人员和公司员工积极参与火灾扑救，抢救贵重物品，引导业户及其他人员迅速安全转移。

加强对火灾现场的扑救措施

加强06：如何加强对消防设施的管理

物业小区的消防设施，是指火灾自动报警系统、自动灭火系统、消火栓系统、防烟排烟系统以及应急广播和应急照明、安全疏散设施等。物业公司有责任使这些消防设施处于良好的状态，一旦有火灾发生，可以使之发挥正常的作用，以预防和减少火灾危害。物业公司可以通过以下措施加强对消防设备的管理，具体措施如下图所示。

措施一	熟悉消防法规，了解各种消防设备的使用方法，制定本大厦的消防制度，制作有关图册，并使管理人员及业户熟知。
措施二	禁止擅自更改消防设备的位置，特别是业户进行二次装修时，应严格审查。
措施三	必须每天检查消防设备是否完好、使用是否规范，对使用不当的应及时更正等。
措施四	消防通道和公共走廊必须保持通畅，绝对不能放置其他物品。
措施五	加强消防值班和巡逻，及时发现火灾隐患并予以处理等。

加强对物业消防设备的管理措施

加强07：如何加强动火作业审批管理

动火作业是指在禁火区进行焊接与切割作业及在易燃易爆场所使用喷灯、电钻、砂轮等可能产生火花、火焰和炽热表面的临时性作业。动火作业容易造成火灾，所以物业管理区域内动火作业须经物业经理审批，以有效控制动火作业行为，防范火灾隐患，具体措施如下图所示。

措施一	物业公司要明确规定，凡在物业管理区域内进行动火作业，都要办理动火作业申请手续。
措施二	承担施工动火作业的单位和个人必须在动火作业施工前向物业公司领取“临时动火作业申请表”，详细说明动火作业的事由、动火部位、起止时间、范围和采取的防范措施等，并报请物业经理审批。

措施三	动火作业施工现场，施工人员必须遵守物业公司动火作业安全规定。动火作业施工前要清理现场，确保周围无易燃易爆物品，并配备好灭火器材。
措施四	用电焊机作业的焊机地线不得接在易燃易爆的设备或管道上。
措施五	在动火作业施工的过程中，如发生事故必须马上采取相关处理措施，并及时向监控中心报告。
措施六	动火作业施工现场必须有消防监督员进行监督。施工人员须将动火作业许可证随身携带，以备检查，完工后交回物业公司注销。
措施七	动火作业的施工单位和个人凡是违反物业管理动火作业标准的，应根据情节轻重分别给予批评教育、赔偿经济损失、处以罚款等，情节严重的依法追究其法律责任。

加强动火作业审批管理措施

加强08：如何加强消防档案的管理

消防档案是记载物业管理区域内消防重点以及消防安全工作基本情况的文书档案。物业公司可以通过以下措施，加强对消防档案的管理，具体措施如下图所示。

措施一	加强对消防设备档案的管理，对其使用、维修、保养和报废等都要做好记录存档工作。
措施二	加强对火灾事故档案的管理，火灾事故档案包括一般火灾事故的报告表和调查记载资料；火灾事故扑救的情况报告；对火灾事故责任人的追查、处理等有关材料；火险隐患整改通知书等。
措施三	做好档案保管场所的管理，要通风透气、保持干燥，并防火、防潮、防虫害。

加强对消防档案的管理措施

第三章　物业服务管理九项要求

物业服务的根本是对人的服务，为业户提供优质、高效、快捷的人性化服务是物业公司立足发展的根本。服务质量的优劣直接影响到业户的满意度以及物业服务费的收缴率。良好的物业服务也直接关系到业户对物业公司的印象和看法。

要求01：物业服务工作有哪些基本礼节要求

礼节是人和人交往的礼仪规矩，物业服务人员良好的礼节会加强业户对物业公司的良好印象，增进双方的默契度。因此，物业服务工作礼节应达到要求，具体要求如下图所示。

要求一	当得悉业户的姓名之后，可与其姓氏搭配使用，以表示对他们的熟悉和重视。遇到有职位或职称的先生，可在其前冠以职位或职称，如“罗经理”、“彭总经理”、“王教授”等。
要求二	与业户初次相见时应主动说“您好，我能帮您做些什么？”在与业户道别或给业户送行时，也应注意问候礼节，可以说“再见”、“您请”、“慢走”等。
要求三	应答业户的询问时不能侧身目视他处、心不在焉；交谈过程中要始终保持精神振作，不能垂头丧气；说话时应面带微笑、亲切热情，不能表情冷漠、反应迟钝。

物业服务工作的基本礼节要求

要求02：物业公司与业户进行日常沟通有哪些基本要求

沟通是人与人之间、人与群体之间思想与感情的传递和反馈的过程，以求思想达成一致和感情的通畅。有效的沟通可以让人们高效率地把一件事情办好。物业公司与业户的有效沟通，可以使许多事务如收费、投诉等得以妥善地解决。物业公司应致力建立有效的沟通渠道，创造与业户良好的沟通氛围，具体的要求如下图所示。

要求一	主动联系业户，态度热情，耐心细致地解答业户的问题并做好接待工作与联系工作的记录。
要求二	实行365天的业户接待工作制度，365天24小时的报修接待工作制度。
要求三	投诉电话24小时开通，接受业户的投诉，投诉电话的接听人员要认真接听，做好记录，24小时内给予答复。有效投诉要控制在每年0.5‰以下。
要求四	物业管理部门应安排人员每月定期走访业户，倾听业户的建议和意见，及时满足业户的合理要求，采纳业户合理的建议。
要求五	实行维修服务回访工作制度，必须使回访处理率达到100%。

物业公司与业户进行日常沟通的要求

要求03：客户服务人员仪表、仪容的基本要求是什么

仪表就是人的外表，一般来说，它包括人的容貌、服饰、个人卫生。仪容主要是指人的容貌，是仪表的重要组成部分。物业公司客户服务人员仪表、仪容的基本要求，具体如下图所示。

要求一	上岗前应按规定着装，服装要干净、整洁，皮鞋要擦亮、布鞋要刷洗干净。
要求二	自觉佩戴好工号牌或胸牌，工号牌应端正地佩戴在左胸上方。
要求三	适当化妆、修饰。发型应统一、规范，经常修剪指甲；上班应摘除多余的饰物；男性发长不过衣领，不留胡须、大鬓角；女性不梳披肩发型，不浓妆艳抹。

客户服务人员仪表、仪容的基本要求

要求04：客户服务人员仪态的具体要求是什么

仪态也叫仪姿、姿态，泛指人们身体所呈现出的各种姿态，它包括举止动作、神态表情和相对静止的体态。人们的面部表情，体态变化，行、走、站、立、举手投足都可以表达思想感情。物业公司客户服务人员的仪态包括站姿、坐姿、步姿等，具体要求如下图所示。

站姿：基本要求是“站如松”，具体要领是：上身正直，头正目平，挺胸收腹，腰直肩平，两臂自然下垂，两腿相靠站直。双手的摆放方式大致有三种：侧放式、前腹式、后背式，切忌表现出傲慢或懒散的样子。

坐姿：基本要求是“坐如钟”，具体要领是：上身正直，腰背稍靠椅背，两腿自然弯曲，两脚平落地面，并注意手、脚、腿的正确摆法。

步姿：基本要求是“行如风”，具体要领是：身体重心应稍向前倾，头朝正前方，眼睛平视，面带微笑，两臂自然摆动，步伐适中均匀、脚步轻稳。

手势：与业户谈话时，手势不宜过多，动作不宜过大，不要手舞足蹈。在引路、指示方向时，切忌用手指指点点。

表情：面带笑容，微笑服务有利于双向的感情交流，有利于更好地工作，要树立“笑迎天下客”的良好形象。

客户服务人员仪态的要求

要求05：客户服务人员应对业户查询时有哪些要求

目前的物业公司有点像大管家，许多业户在遇到问题时往往会打电话到管理处或亲自到访查询，物业公司客户服务人员在应对业户查询时应有礼有节，最低限度要达到以下要求，具体如下图所示。

要求一 → 始终保持热情友好的态度，对业户提出的任何问题要尽心尽力予以解答。

要求二 → 保持微笑，目光始终关注业户，不东张西望。

要求三 → 对无法回答的问题要及时记录下来，并向业户说明原因，表达解决的意向。

客户服务人员应对业户查询的要求

要求06：客户服务人员为业户办理相关手续时有哪些要求

业户到客服中心办理手续的情况不多，但也不是没有，比如办理“物品放行条”、“场地租赁证明”等，客户服务人员在接待办理此类业务的业户时，要热情，并且严格地执行下图所列要求。

要求一 → 要仔细问清业户的所有手续要求，问的时候要做好记录，以免忘记。

要求二 → 手续办理过程中，时刻保持热情友善的态度，不抱怨，不责怪。

要求三 → 如果业户有特殊要求，应仔细核对公司相关制度，制度允许则予以办理，制度不允许，应请示上级后处理。

要求四 → 办理手续应当快捷高效，不得拖拖拉拉。

客户服务人员为业户办理相关手续的要求

要求07：客户服务人员应对业户提出建议或意见时有哪些要求

优秀的物业公司建立了多种渠道欢迎业户提出建议和意见，其中重要的一个渠道就是来访或来电。对于来访或来电提出建议和意见的业户，客服人员除了做到基本的礼节之外，还要达到下图所示要求。

要求一　礼貌、友好地听取业户的意见和建议，不得表现出不耐烦、不想听的态度。

要求二　合理区分业户的意见和建议，对合理的部分应记录下来，对不合理的部分要作出适当地解释。

要求三　如果业户所提的意见和建议确实涉及公司管理的问题，应向其道歉，并表示谢意。

要求四　客户服务人员应定期对业户进行回访，以使业户了解公司对其的重视。

客户服务人员应对业户提出建议或意见时的要求

要求08：回访业户有哪些要求

回访是指物业公司客服部门相关负责人，就投诉事件、维修工程、特约服务、社区文化等向业户回访，以了解业户对服务质量、服务效果、服务态度的评价，同时征集客户的意见与建议。回访分电话回访和上门回访两种方式。无论采取哪一种方式，都要满足下图所示要求。

要求一　客户服务人员回访时应虚心听取意见、诚恳接受批评、采纳合理建议、做好回访记录。回访记录指定专人负责保管。

要求二　客户服务人员回访中，如对业户的问题不能当即答复，应告知可回复时间。

要求三　物业管理部门的其他人员接（听）到业户的意见、建议、投诉或反映的问题时，应及时反馈给部门上级或回访专职管理人员，并认真做好记录。

要求四　客户服务人员回访后对业户反馈的意见、要求、建议、投诉，应及时整理，快速作出反应，妥善解决，重大问题向上级部门请示解决。

要求五：接到业户投诉时，应首先向业户表示歉意和感谢，并做好“业户投诉登记”。对于重大的投诉，部门上级应组织相关人员向业户进行检讨和说明，及时落实解决措施及责任人，限期处理和整改。

要求六：维修服务部门在接到投诉后，要及时采取相应处理措施和做好回访。对其中涉及面广或性质比较严重的问题，在安排处理的同时，还应立即报告物业公司主管上级。

要求七：对投诉必须100%回访，必要时可进行多次回访，直至业户满意为止。

客户服务人员回访业户的要求

要求09：处理业户投诉应达到哪些要求

投诉就是一个关于期望没有被满足的声明，重要的是，对于客服中心来说这是一个解决业户不满的好机会。物业管理人员在处理业户投诉时，应做到以下要求，具体如下图所示。

要求一：换位思考。将业户所投诉的事项当成是自己所要投诉的事项，积极思考期望得到的应有答复。

要求二：将业户投诉的处理看成是与业户交朋友、宣传自己和公司的机会，并通过为业户实事求是地解决问题，达到加强沟通的目的。

要求三：接待投诉时，接待人员应严格遵守“礼貌、乐观、热情、友善、耐心、平等”的十二字服务方针，严禁与业户进行辩论、争吵。

要求四：富有同情心，了解业户的心情，从而在投诉的处理中能以正确的心态应对。

物业管理人员处理业户投诉的要求

第四章　物业工程管理七项防范

物业工程管理的主要任务是对小区公共设备设施进行综合管理，做到设备设施的合理装备、择优选购、正确使用，或指导相关使用部门正确使用，精心维护、科学检修并适时更新，保持设备设施的完好。

防范01：如何防范房屋修缮失误

房屋修缮是指房屋从建成到报废的整个使用过程中，对房屋所进行的查勘、设计、维修、更新等修葺活动，以及实行技术、施工、设备各项管理的总称。要防范房屋修缮失误，必须做到“安全、经济、合理、实用”等措施，具体如下图所示。

措施一	安全是指通过维修，使房屋结构牢固，保证居住和工作人员的安全。
措施二	经济是指在维修过程中，节约和合理使用人力、物力、财力。
措施三	合理是指维修计划与方案合理，不扩大维修计划。
措施四	实用是指以实际出发，因地制宜、因房制宜进行维修，以适应业户在使用功能与质量上的需求。

防范房屋修缮失误的措施

防范02：如何防范房屋装修验收失误

业户室内装修完毕后，如果以口头或电话向物业公司申请验收，物业客户服务中心应将“验收申请单”交予工程部，工程部于两个工作日内到业户室内验收，将验收结果填写在记录表内。防范房屋装修验收失误的措施，具体如下图所示。

措施一	若验收不合格，物业管理处再次发“室内装修整改通知书”给业户，要求在限期内整改。
措施二	如验收合格，财务部凭“验收单”于一个月后把装修保证金退还业户。业户到物业管理处的物业客户服务中心办理施工出入证的退款、退证手续。

防范房屋装修验收失误的措施

防范03：如何防范物业设备运行问题的产生

物业设备在日常运行过程中可能会产生一些问题，如各类技术故障、运行故障等。防范物业设备运行问题产生的措施，具体如下图所示。

措施一	针对设备的特点，制定科学、严密、切实可行的操作规程，监督使用人员按照操作规程进行操作。
措施二	对操作人员要进行专业培训教育，国家规定需持证上岗的工种必须持证才能上岗。
措施三	定期对设备进行检修，并加强日常维护保养工作。
措施四	定期校验设备中的仪表和安全附件，确保设备能正常使用。
措施五	为各种设备安排指定负责人，以便设备出现问题时及时找到责任人。
措施六	对每一次设备事故必须严肃处理，同时责任到人。

防范物业设备运行问题产生的措施

防范04：如何防范物业设备的日常维护保养失误

物业设备的日常维护保养工作主要包括清洁、润滑、紧固、调整、防腐等，这是物业设备维护管理的基础，必须长期坚持，并且要做到制度化，以避免维护保养工作失误，具体措施如下图所示。

措施一：设备操作人员要在设备使用前对设备进行外观检查，发现问题及时处理。

措施二：设备操作人员在设备使用过程中，要按操作规程操作设备，定时巡视记录各设备的运行参数，随时注意运行中有无震动、异声、异味、超载等现象。

措施三：设备使用完毕后，操作人员要做好清洁、保养工作。

防范物业设备的日常维护保养失误的措施

防范05：如何防范业户日常报修失误

报修是指业户家里的设备、器具等损坏或发生故障，如电灯不亮、下水道堵塞等而主动向物业客服中心打电话请求派人维修的行为。客服人员接到报修电话后要马上判断所说故障的维修级别，若判断不准可能会给维修人员造成不必要的麻烦。物业公司防范业户报修失误的措施在于区分维修的级别，具体级别划分如下图所示。

小修：小修是指修复小坏小损，以恢复原来样式。

中修：在小修的基础上对设备的主要零部件进行局部修复和更换。

大修：大修是指出现严重问题，必须对设备进行大规模修理，如进行局部或全部解体。

区分维修的级别

防范06：如何防范业户日常报修记录失误

接待报修的人员应将业户描述的故障状况准确地记录下来并写到派工单上，这一过程中，有任何的记录不全或失误都可能引发所派维修人员不合适或收费状况说不明白的情况发生。物业公司防范业户日常报修记录失误的措施如下图所示。

措施一 → 业户申报维修时，客户服务中心接待人员应按业户姓名、住址、电话、申报维修服务内容、预约上门日期、时间等逐项填写“维修（服务）任务单”，并及时通知维修（服务）人员按时上门提供维修服务。

措施二 → 在记录时，接待人员应主动询问以上全部所需内容，即使有些业户因情况紧急而耐心不足，也该尽量在最短的时间内询问齐全有关资料，避免因遗漏任何项目而给后面的维修工作造成不便。

防范业户报修记录失误的措施

防范07：如何防范物业维修回访失误

物业公司维修回访工作可以由管理人员上门拜访、实地查看，也可以通过电话与业户进行沟通确认。无论以何种方式进行，用语都要规范，声音要温和，表达要清晰。以下是一些常见的回访用语，可灵活运用，具体如下图所示。

用语一 → “您好，我是××物业××××管理处的员工，今天来回访，请问您对我们的维修服务质量是否满意？”

用语二 → “先生（女士），您的水龙头现在还是否漏水？对我们维修服务人员的态度，您感觉满意吗？”

用语三 → “先生（女士），您在电话中反映的有关维修服务人员乱收费的情况，我们已作了调查与处理，今特来回访，与您沟通一下情况。”

防范物业维修回访失误的用语

第五章　物业收费管理八项注意

物业服务收费是许多物业公司遇到的难题，部分业户拒交、少交、不交物业费的现象层出不穷，由收费难引发的纠纷不断上演，因此，物业管理人员在收费时应严格注意一些必要的事项，如收费时实施人性化管理等，确保如数收到相关费用。

注意01：日常物业收费应注意哪些事项

物业公司收费人员要做好收费工作，并不是一纸收费通知单发下去那么简单，而是要充分地注意以下事项，具体如下图所示。

事项一	充分了解小区业户的基本信息，如入住信息等，以确保在收费时不会发生错误。
事项二	收费前做好充分的准备工作，对各项收费项目要有充分的了解。
事项三	收费时始终保持良好的态度，及时解答业户的疑问。
事项四	平时加强物业管理相关知识的宣传，向业户强调缴纳物业管理费是业户应尽的义务。

日常物业收费的注意事项

注意02：物业管理费追缴时有哪些注意事项

当业户未能按时交纳物业管理费时，物业公司就有必要安排人员进行追缴。追缴人员在开展工作时应注意以下事项，具体如下图所示。

事项一	追缴人员应严格按照催收程序进行追缴。电话催收管理费用时，应态度和蔼、语气柔和地通知业户应交纳所欠款项，严格禁止措辞不当或态度恶劣等现象的发生。

事项二 → 善于利用业主委员会的力量，向业户施加合理的压力，督促其及时缴费。

事项三 → 对于无法沟通，拒不缴费的业户，必要时物业公司也可发律师函，通过法律途径解决问题。

事项四 → 对于长期不交管理费，且无法联络到的业户，可在告示栏上公布姓名，并征求联系的线索。

物业管理费追缴时的注意事项

注意03：收取房屋本体维修基金有哪些注意事项

房屋本体维修基金是指维护房屋本体共（公）用部位及设施（以下简称“共用部位”），保障房屋安全使用的专用基金。对于房屋本体维修基金的收取，物业公司应根据国家的有关法律法规来确定金额及收取的程序与注意事项，具体如下图所示。

事项一 → 物业公司财务部应在小区住宅保修期满以后开始计收房屋本体维修基金。

事项二 → 财务部会计应在每月的20日编制业户下月的“房屋本体维修基金应收明细表”。

事项三 → 明细表交财务部主管审核。经审核存有疑问，应及时查明并予以更正；经审核无误，财务部主管应在明细表上审核栏内签署姓名、日期。

事项四 → 财务部会计根据审核无误后的“房屋本体维修基金明细表”，按照“服务收费作业规程”中的相关规定填写“费用收取单”。

事项五 → 收费单经财务部主管审核无误并加盖财务专用章后，交管理处相关人员派发。

事项六 → 管理处的相关人员按照“服务收费作业规程”中的相关规定进行派发。

事项七：尚未售出的空置房屋，其房屋本体维修基金由开发商交纳。

事项八：对催缴三次依然不交纳房屋本体维修基金的业户，可按有关法规政策或根据“委托管理合同”、“业主公约”中的相关规定采取相应的催缴措施。

事项九：逾期未缴的房屋本体维修基金，财务部会计应按照“服务收费作业规程”中的相关规定计收滞纳金。

收取房屋本体维修基金的注意事项

注意04：管理房屋本体维修基金有哪些注意事项

对于房屋本体维修基金的管理，国家和地方政府都有相应的法律规定，物业公司须依据法律规定来进行管理，在具体实施管理时应注意以下事项，具体如下图所示。

事项一：房屋本体维修基金应以每栋房屋为单位设立专账管理，即设立专用账号储存各栋物业的本体维修基金。

事项二：经办人凭房屋本体维修基金支出的原始凭据，按物业公司的“费用审核报销作业规程”中的相关规定到财务部办理报销手续。

事项三：财务部会计将房屋本体维修基金的报销单据，按物业公司的“会计核算作业规程”中的相关规定进行账务处理。

事项四：如小区内的日常小修超过了房屋本体维修基金的比例，则应经过业主管理委员会或所需进行维修的单栋房屋50%以上的业主同意，将超出的部分在下一年度房屋本体维修基金的小修费里冲抵，经业主管理委员会决定提高本体维修基金标准来弥补。

事项五：小区内的业主、其他相关单位或个人如对房屋本体维修基金的收支存有疑问，可以向业主管理委员会查询或向物业公司财务部查询，物业公司接到查询后应认真予以解释。

管理房屋本体维修基金的注意事项

注意05：使用物业维修基金有哪些注意事项

当房屋或物业设备设施出现损坏，需要维修时，物业公司就需要使用物业维修基金开展维修工作。物业公司使用物业维修基金应注意以下事项，具体如下图所示。

事项一：物业维修基金的使用必须得到业主委员会的批准，物业公司不能擅作主张，胡乱使用。

事项二：每一笔维修基金使用之后都要做好记录工作，以便有据可查。

事项三：必须谨慎使用维修基金，不得浪费。

事项四：维修基金出现不足，应及时与业主委员会进行沟通收取。

使用物业维修基金的注意事项

注意06：保管物业维修基金相关资料有哪些注意事项

物业维修基金在收取、使用等过程中会产生一些资料，物业公司在保管物业维修基金资料时应注意以下事项，具体如下图所示。

事项一：物业公司应在每月底将本月物业维修基金的相关凭据汇总、记账，并按“会计核算作业规程”中的相关规定进行账务处理。

事项二：财务部主管对物业维修基金的财务资料审核无误后，加密后在财务部保存。

事项三：物业公司必须接受业主委员会对维修基金相关资料的调阅、审核申请，并为其提供详细的账目。

保管物业维修基金相关资料的注意事项

注意07：收取停车费时有哪些注意事项

物业公司在向需要交纳停车费的业户收费时应注意以下事项，具体如下图所示。

事项一 → 收取停车费时应向业户出具翔实准确的相关单据，不得存在模糊不清的地方。

事项二 → 费用收到后要及时送交财务入账，不得私自截留。

事项三 → 对业户提出的质疑要详细解答，无法解答的要请示上级处理。

事项四 → 收费过程中出现差错，如多收了钱等，要及时查清原因，并迅速解决。

收取停车费时的注意事项

注意08：收取业户维修费用有哪些注意事项

物业公司为业户所提供的维修服务中，有一部分是无偿的，但有一部分是有偿的。对于有偿服务项目和价格，物业公司应该予以公示，且在提供服务之前就要告知业户具体的费用标准。除此之外，收费人员在收取业户维修费用时应注意以下事项，具体如下图所示。

事项一 → 收费前应与业户就收费项目、金额达成一致意见。

事项二 → 收费时应出示明确的收费单据，单据项目必须清楚，不得存在模糊不清的地方。

事项三 → 收费时要保持礼貌，面带微笑，保持良好的工作态度。

事项四 → 对业户提出的关于费用方面的问题及时予以解答，使业户满意。

收取业户维修费用的注意事项

第六章　小区车辆管理七项提高

由于对停车场位、停车场库重视不够，或者对车辆发展速度估计不足，尽管一般的住宅区、商业区、工业区都留有停车场位或设有停车场库，但是停车车位大都严重不足，造成车辆乱停乱放；加之车辆种类、型号、吨位的复杂，使得管理人员日益头痛。但无论怎样，在已有停车场的基础上，物业公司要想办法做好车辆的安全管理。

提高01：如何提高车辆行驶和停放管理水平

小区内的道路不宽，停车场的车位不够，这都要求物业公司必须提高车辆行驶和停放管理水平，以避免可能发生的事故，具体操作时可采取的措施如下图所示。

措施一	保安员要严格监督进入辖区的车辆慢行，不得超过5公里/小时，按指定的位置进行停靠，以方便停车场整体管理。
措施二	提醒驾驶人员关、锁好车门、车窗，并将车内的贵重物品随身携带。
措施三	巡检车辆的停放情况，如发现门窗未关好，或有漏油、漏水、轮胎爆破等现象应及时通知车主并做好详细的记录。
措施四	严密注视车辆情况和驾驶员的行为，若遇醉酒驾驶者应立即劝阻，避免交通事故的发生。
措施五	提醒所有驾驶人员，车辆不得停靠在消防通道门前、斑马线上、停车场出入口处。所有货车进出停车场务必开箱接受检查，手续齐全方可进出。
措施六	严禁其他车辆占用业户专用车位。

提高车辆行驶和停放管理水平的措施

提高02：如何提高车辆进入停车场的管理水平

物业公司停车场管理人员要提高车辆进入停车场的管理水平，确保车辆和停车场的安全，具体措施如下图所示。

措施一	明确要求进入停车场的车辆须具备一切有效证件，包括行驶证或待办理证明、保险单等，车辆号牌应与行驶证相符，待办车辆应与待办证明相符。
措施二	进入停车场的驾驶人员，须按进出场各种程序办理停车手续，并按指定的车位停放。
措施三	车辆停放后，驾驶人员须配合停车场管理人员做好车辆的检查记录，并锁好车门窗，带走贵重物品，停车场管理人员没有帮驾驶人员保管物品的义务。
措施四	进入停车场的车辆严禁在停车场内加油、修车、试刹车，禁止任何人在停车场内学习驾驶车辆。
措施五	进入停车场的车辆和驾驶人员要保持停车场内清洁，禁止在停车场内乱丢垃圾与弃置废杂物，禁止在停车场内吸烟。
措施六	进入停车场的驾驶人员必须遵守安全防火规定，严禁载有易燃易爆、剧毒等危险品的车辆进入停车场。
措施七	禁止超过停车场限高规定的车辆、集装箱车以及漏油、漏水车辆进入停车场。
措施八	进入停车场的车辆如不服从停车场管理人员指挥，造成本身车辆受损时，后果自负。

提高车辆进入停车场的管理水平的措施

提高03：如何提高对停车场的管理水平

停车场是小区业户停放车辆的主要场所，物业公司必须提高对停车场的管理水平，具体措施如下图所示。

措施一 → 设置24小时值班员，主管人员定期或不定期对值班情况进行检查。

措施二 → 建立健全各项管理制度和岗位职责。

措施三 → 停车场内按消防要求设置消防栓，配备灭火器，定期检查，由车库岗负责管理使用。

措施四 → 在停车场和小区车行道路须做好行车线、停车位（分固定和临时）、禁停、转弯、减速、消防通道等标识，并在主要车行道转弯处安装凸面镜。

措施五 → 在停车场出入口处设置垃圾桶（箱），在小区必要位置设路障和防护栏。

措施六 → 机动车进入停车场时应服从停车场管理人员指挥，遵守停车场管理规定，履行机动车进出车场有关手续，按规定缴纳保管费。

措施七 → 集装箱车、2.5吨以上的货车（搬家车除外）、45座位以上的客车、拖拉机、工程车，以及运载易燃、易爆、有毒等危险物品的车辆不准进入小区。

措施八 → 不得损坏停车场消防、通信、电器、供水等场地设施。

措施九 → 保持停车场内清洁，不得将车上的杂物和垃圾丢在地上，有漏油、漏水时，车主应立即处理。

措施十 → 禁止在停车场内洗车（固定洗车台除外）、修车、试车。

提高对停车场的管理水平的措施

提高04：如何提高停车场车辆的安全管理水平

车辆的安全是停车场管理的重中之重，为此物业公司必须不断地完善停车场的管理措施（如下图所示），以从整体上提高停车场车辆安全管理水平。

- **划出车位**：车位分为固定车位和非固定车位、大车位和小车位。固定停放车位的车主应办理月租卡，临时停放应使用非固定车位。
- **建立安全措施**：即要求停车场内光线充足，适合驾驶，各类指示灯、扶栏、标志牌、地下白线箭头指示清晰，在车行道、转弯道等较危险地带设立警示标语。
- **严格控制进出车辆**：在停车场出入口设专职人员负责指挥车辆进出、登记车号、办理停车取车手续工作。进入停车场的车辆应有行驶证、保险单等，禁止携带危险品及漏油、超高等不合规定的车辆进入。
- **进行车辆检查、巡视**：车管员应24小时值班，做好车辆检查和定期（如20分钟2次）巡视，检查是否有安全或消防隐患。

提高停车场车辆安全管理水平的措施

提高05：如何提高对停车场意外事件的处理水平

停车场有时会发生一些意外事件，如停电、消防系统故障等。物业公司必须制定停车突发事件应急处理预案，并在平时组织员工加以演练，以便在事件发生时能迅速地予以处理，从而提高对停车场意外事件的处理水平，具体如下图所示：

- **停电**：立即将停电区域及详细情况报告当值主任、领班及部门主管或消防中心当值保安，报告工程部并了解停电的原因。收费系统停电，应通知出入口岗位当值人员，改用手动计费。启用紧急照明，保证各通道照明。
- **收银系统意外事件**：立即通知部门主管或当值主任、领班，并记录故障时间。尽快报工程部维修，恢复正常使用状态。未能恢复使用前，通知出入口岗位当值人员改用手动计费。按手动计费操作程序收取停车费。
- **消防系统故障**：立即通知消防中心值班人员，详细说明故障情况。耐心向在场人员作出解释。采取措施（如管道漏水则使用沙包拦水、立即关掉水闸等）避免故障导致大厦设备损坏。

斗殴等暴力事件：保持冷静，以最快方式报告领班或值班室。如能控制现场，及时处理；否则，监视现场并与值班室保持联络，等待上级的指令和增援人员到达。处理过程中应保持克制态度。事件中如有人员受伤，要及时组织抢救。

提高对停车场意外事件的处理水平的措施

提高06：如何提高对外来车辆的管理水平

经常会有一些外来车辆进入小区，如快递公司的送货车。外来车辆往往不听指挥、乱停乱放、抢道行驶、超速行驶，给小区的交通带来阻塞，容易造成交通事故。因而物业公司必须采取有效的措施提高对外来车辆的管理水平，具体如下图所示。

措施一：材料运输车辆及货物运输车辆进入小区领取《临时车辆出入证》，按物业管理相关人员指挥泊位，不得在小区无故逗留，卸完相应物品即刻离开小区，装卸过程中不能影响路面交通。

措施二：当小区内没有露天泊位时，非紧急情况管理人员有权谢绝一切车辆（含未办停车证的业户车辆）进入小区。

措施三：所有外来车辆必须经过管理人员核实、同意并领取《临时车辆出入证》后方可进入小区（特殊车辆除外）。

措施四：外来车辆离开小区时，如携带较贵重或大量物品，管理人员有权进行询问并要求车主作出说明，按规定（持有物品放行单）登记有效证件后放行。

提高对外来车辆的管理水平的措施

提高07：如何提高对车辆事故的处理水平

小区道路上会发生交通事故，甚至停车场内也会发生交通事故，交通事故一旦发生，物业公司必须紧急应对，保护现场并疏通交通。在平时，物业公司应制定应急预案并加以演练，从而提高对车辆事故发生时的处理水平，具体措施如下图所示。

措施一	事故发生时，要立刻保护好现场，避免现场被破坏。
措施二	通过向事故双方询问来查清事故原因。
措施三	对事故双方进行调解，并始终保持中立立场。
措施四	做好事故发生的记录工作，包括摄像头的监控录像。

提高对车辆事故的处理水平的措施

第七章　社区文化建设四项重视

社区文化工作是物业企业为业户提供的一项重要的增值服务。一所物业如果拥有良好的生活方式、文化氛围和文化底蕴，将会使该物业的品牌知名度和品牌美誉度得到进一步的提升，给物业注入一种强大的文化内涵。这种文化内涵将成为物业的"灵魂"，成为该物业的特有标志。

重视01：社区文化管理应重视做好哪些工作

物业公司对社区文化管理应重视做好的工作，具体如下图所示。

环境文化管理：社区环境是社区文化的第一个层面。环境主要包括社区容貌、休闲娱乐环境、文化设施、生活环境等。

行为文化管理：行为文化也叫活动文化，常常指这一类的社区文化活动，例如：广场交响音乐会、元旦舞会、重阳节文艺汇演、趣味家庭运动会、游泳比赛、新春长跑，等等。

制度文化管理：制度文化是为规范社区文化活动而形成或制定的一系列规章制度，它们对保障社区文化持久、健康地开展具有一定的约束力和控制力。

精神文化管理：精神文化是社区文化的核心，是社区独具特征的意识形态和文化观念，包括社区精神、社区道德、价值观念、社区理想和行为准则等内容。

社区文化管理应重视做好的工作

重视02：组织社区文化活动应重视做好哪些工作

物业公司要定期或不定期组织社区文化活动，提高小区的活力，因此必须重视做好以下工作，具体如下图所示。

工作一：重视对活动的组织，即选择合适的组织机构，一般可以设置社区文化专员负责主要活动组织，其他人员进行配合。

工作二：要重视对活动对象的选择，不同的活动适合不同的群体，必须根据活动具体内容来选择活动对象。

工作三：重视对活动过程的控制。文化活动开展过程中可能会出现一些问题，因此，必须做好控制工作，使活动顺利开展下去。

组织社区文化活动应重视做好的工作

重视03：社区宣传栏管理要做好哪些工作

物业管理处应根据本辖区特点，通过宣传栏的宣传，达到丰富居民业余生活、赞美新人新事新风尚、鞭挞不良现象及丑恶行为的目的。对宣传栏的管理要做好以下工作，如下图所示。

工作一：宣传活动应有计划，要做到重大节日宣传庆贺，特殊情况及时告诫，日常管理充分体现。

工作二：每一期的宣传栏都应该安排专人负责，并提前策划、准备，绝不能“粗制滥造”，最好月月有更新、内容有创新，制作不同版面、不同内涵的宣传栏，并重点宣扬小区“真、善、美”的行为，使之成为社区一道亮丽的风景线及社区居民的一份精神大餐。

工作三：对有损社区形象及不符合要求的宣传要及时予以修正、更换，保证质量与效果。

工作四：应对每期的宣传栏进行编号和登记，记录出版日期、刊数、内容等，并拍照、备案存档。

社区宣传栏管理要做好的工作

重视04：给小区营造节日气氛要做好哪些工作

我国人们过节都喜欢热热闹闹、红红火火的，逢盛大节日，如春节、中秋节、圣诞节，物业公司通常在节前都要对住宅小区进行一次卫生大清扫，除此之外，还会把小区装扮一新，营造浓浓的节日气氛。要给小区营造节日气氛必须做好以下工作，如下图所示。

工作一 → 节日布置，必须事先制定布置方案，确定布置时间、要求、各部门的分工。

工作二 → 按照节日布置方案，准备好各项装饰物品，联系采购部门采购。

工作三 → 由维修服务部、客户服务部负责将装饰物品安置于相适应的位置，维修服务部需提前将电线、电路等布置到位，并由专人对安装及调试情况进行检查。

给小区营造节日气氛要做好的工作

第八章　物业环境管理八项措施

良好的物业环境在为业户带来舒适的同时，会提升整个物业的价值。物业环境的管理并不局限于清洁卫生和绿化工作，还包括治理环境污染（包括空气、水体、声、光、电），清除物业区域内的违章搭建等。

措施01：小区绿化管理的措施是什么

物业小区的等级不同，绿化的标准也不一样，不管须达到什么标准，物业公司都要对小区的绿化管理进行规范，具体措施如下图所示。

- 措施一 → 保持植物正常生长。在一般住宅小区管理中，要求加强对植物病虫害、水肥的管理，保证病虫害不泛滥成灾，植物能正常生长，无明显的生长不良现象。
- 措施二 → 加强枯枝黄叶的清理及绿化保洁工作。住宅区作为人员集中的居住场所，环境整洁优美及安全是最基本的要求。
- 措施三 → 减少对业户的危害。及时对阻碍业户生活活动的绿化景点进行改造，减少人为践踏对绿化造成的危害。
- 措施四 → 提高业户文化素质。创建社区环境文化，加强绿化保护宣传，使业户形成爱护绿化的良好习惯。

一般住宅小区绿化管理的措施

措施02：物业保洁日常管理措施有哪些

物业保洁日常管理工作可分为三类：日常保养工作、周期工作、专项工作。要把这三类工作做好，必须满足下图所示基本措施。

责任要分明：必须做到责任分明，做到“五定”，即“定人、定地点、定时间、定任务、定质量”。对物业范围的任何一个地方均应有专人负责清洁卫生，并明确清扫的具体内容、时间和质量要求。

保洁要及时快速：垃圾每天都会产生，灰尘随时会落下。因此，保洁工作要体现及时性。对每天产生的垃圾必须及时清除，做到日产日清，并建立合理的分类系统。

计划安排要合理：物业管理公司应制订出清扫保洁工作每日、每周、每月、每季直至每年的计划安排。

制定明确的质量标准：物业区域环境保洁的通用标准是“五无”，即无裸露垃圾、无垃圾死角、无明显积尘积垢、无蚊蝇虫滋生地、无“脏乱差”顽疾。

物业保洁作业指导书：即把保洁作业的合理过程以文件的方式做出来。其目的是通过对保洁人员进行技术性指导，提高其工作效率与品质，又好又快地完成保洁工作。

实施保洁质量检查四级制：员工自查、班长作业检查、主管巡查、部门经理抽查。

物业保洁日常管理的措施

措施03：违章搭建的防治措施是什么

违章搭建的现象在物业小区内屡见不鲜。虽然物业公司并不是违章搭建的执法处理部门，但物业企业又涉及其中，并负有一定管理责任，在某些地方甚至被相关主管部门委托授权管理。物业公司为了实现物业管理的宗旨，营造一个优良的生活和工作环境，当辖区内出现违章建筑和违章搭建时，应区分性质，按分工履行管理的职责进行处理，具体做法如下图所示。

措施一 → 向用户进行超前教育，“约法三章”。

措施二 → 争取早发现、早制止；一经发现，劝其停工拆除；凡不听劝阻继续施工的，及时向主管部门反映。

措施三 → 向社区管理的有关部门如居委会、业主委员会、派出所、街道等口头或书面汇报，争取支持和协助。

措施四 → 情节严重的，可通过司法机关进行解决。

违章搭建的防治措施

措施04：物业区域大气污染的防治措施有哪些

人类的各项活动中，向大气中排放的各种有毒、有害气体和尘烟等污染物超过了一定界限，便会造成环境污染。污染物主要有二氧化硫、氮氧化物、一氧化碳、二氧化碳和粉尘等。物业公司在大气污染防治中可采取以下措施，具体如下图所示。

措施一 → 禁止在物业辖区内焚烧沥青、油毡、橡胶、塑料、皮革、落叶和绿化修剪物等能产生有毒、有害气体的物质。特殊情况下需要焚烧的，须经当地环保部门批准。

措施二 → 严格控制辖区内工业生产企业向大气排放含有有毒物质的废气和粉尘。对于确需排放的，必须经过净化处理后达标排放。

措施三 → 加强车辆管理，限制机动车辆驶入辖区，以减少尾气排放量和噪声污染。对于进入辖区的机动车，排放污染物不得超过规定的标准。对超过标准的应采取防止乃至禁行的措施。

措施四 → 在物业维修、装修时，应采取防尘、防噪声措施。

措施五 → 硬化和绿化地面，减少扬尘。

物业区域大气污染的防治措施

措施05：水体污染的防治措施有哪些

水体污染是指一定量的污水、废水、各种废弃物等污染物质进入水域，造成水体受污染。物业区域水体污染主要是居民活动产生的大量污染物直接或间接地排入水体，其中，直接排入的，如业户将废弃物或污染物直接倒入水中；间接排入的，如业户乱倒污水，使空气中污染物和土壤中的污染物又被雨水冲刷到水体中。物业公司应采取措施对水体污染进行防治，具体如下图所示。

措施一：加强污水排放的控制。要严格控制工业和生活污水的任意排放。未达标的工业废水、未经消毒的含病原体的医疗废水、生活污水、禽畜污水、屠宰污水、建筑泥浆等生产活动中产生的污水均属于禁止排放的范围。要加强对水体和污染源的巡回监测，从制度和管理上控制随意排放的现象发生。

措施二：加强对已排污水的处理。为了确保水体不被污染，必须对已排的工业和生活污水进行处理。通过处理，使水质达到排放标准或不同的利用要求。

措施三：加强生活饮用水的二次供水卫生管理。生活饮用水的二次供水，是指通过储水设备和加压、净化设施将城市自来水转供给业户的生活饮用水的供水方式。

水体污染的防治措施

措施06：固体废弃物污染的防治措施有哪些

固体废弃物是指人类在生产、消费、生活和其他活动中产生的固态、半固态废弃物质（国外的定义则更加广泛，动物活动产生的废弃物也属于此类），通俗地说，就是“垃圾”。物业区域内的垃圾主要是业户在生活、商业活动、市政维护、机关办公等过程中产生的废弃物，如炊厨废弃物、废纸、废织物、家用杂物、玻璃陶瓷碎物、废旧电器制品、废旧交通工具、装修垃圾、煤灰渣及粪便等。物业公司应采取措施对固体废弃物进行防治，具体如下图所示。

进行超前教育：物业管理公司在早期介入阶段即应寻找“切入点”。如在售房时、租房时或入住前，对未来的业户进行超前教育，使他们明确污染治理管理的目的、要求，以便收到事半功倍的效果。

配备必要的硬件设施：为了增强清扫保洁工作的有效性，物业管理企业还应配备与之有关的、必要的硬件设施。如在每家门前安置一只相对固定的、特制的塑料垃圾桶，规定住户每日将生活垃圾装袋后丢入，由清洁工每日定时收集并倒入指定的垃圾回收站。

制定《业主公约》：在公约中，可以规定不准乱倒垃圾、杂物；不得在公共场所乱涂、乱画；不得向室外（窗外、阳台外）倾倒污水，抛纸屑、烟头等杂物。将公约公之于众，便于互相监督、执行。

生活垃圾分类袋装化：生活垃圾分类袋装化有利于提高物业区域的文明程度和环境质量。物业管理企业应向业户宣传生活垃圾分类袋装的好处，要求业户将垃圾装入相应的专用垃圾塑料袋内，丢入指定的容器或者指定的生活垃圾收集点，不得随意乱倒。存放各种生活垃圾的塑料袋应完整不破损、袋口扎紧不撒漏。

依法处罚及典型曝光：对于各种不良的卫生习惯除进行宣传教育外，还应当采取必要的硬性措施，依法按规定进行经济的或行政的处罚。对于极少数屡教不改者，还可以采取典型曝光的方法，在业主委员会、居民委员会的配合下，公开其不文明行为，以儆效尤。

固体废弃物污染的防治措施

措施07：噪声污染的防治措施是什么

噪声污染是指人类活动所排放的环境噪声超过国家规定的标准，以致妨碍人们正常的工作、学习、生活和其他正常活动的现象。物业区域的噪声来源于车辆交通噪声、建筑施工噪声、社会生活噪声，对噪声污染，物业公司应加强防治，具体措施如下图所示。

措施一：加强绿化。在物业区域内，多植树、多种树。这是防治噪声污染的重要措施。

措施二：加强精神文明建设。要让业户和一切受益人懂得尊重别人就是尊重自己的道理，尽量减少生活噪声，如娱乐声、爆竹声等。这是防治噪声污染的积极方法。

措施三：制定必要的管理办法，如禁止在住宅区、文教区和其他特殊地区设立产生噪声污染的生产经营项目；禁止在街道、公园、商场、学校等公共场所使用引起噪声污染的大功率扬声器和广播宣传车；禁止在夜间规定不得作业的时间(一般指晚10：00～早6：00)内从事施工作业，以免影响业户的休息等。

噪声污染的防治措施

措施08：“黑色污染”的防治措施是什么

“黑色污染”是指在建筑物、构筑物、树木及其他设施上乱张贴、乱涂写、乱刻画的行为。这是一种人为的对环境的污染和破坏。“黑色污染”防治的措施如下图所示。

措施一	宣传教育。通过各种渠道，对所辖区域内的业户进行宣传教育工作。要求其自觉维护建筑物、构筑物、树木及其他设施的整洁。对于损害环境整洁的行为，业户有权制止和检举。
措施二	要求“三乱”行为人及时清除污迹并赔偿损失。一时难以发现行为人的，物业管理人员应先代为清除；发现行为人后可按照规定标准，要求行为人支付代为清除的费用。
措施三	上报主管部门处理。视“黑色污染”的情节轻重，报请市、区（县）市容管理部门和街道监察队按规定对行为人进行行政处罚或经济处罚。

“黑色污染”的防治措施

第二部分

怎样规范物业管理组织架构

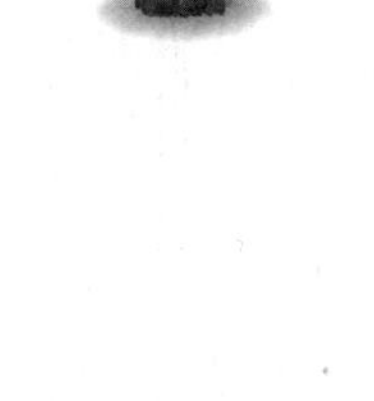

规范的组织架构有利于物业管理工作的顺利开展，提高管理效率，同时也能减少发生各种问题的概率。

第一章　保安部的组织架构与岗位职责

保安部是物业公司的常设部门，在一些物业公司被称为秩序维护部、护卫部、安全部，这个部门全面负责物业区域内的治安、消防工作，维护物业区域的工作秩序，及时有效地处理各种突发事件，做到寓安保工作于服务之中。

第一节　保安部的组织架构

不同规模的物业公司，保安部的组织架构不一样，其岗位设置也不一样。对于大的物业项目而言，保安的岗位比较多，如大堂保安、停车场保安、巡逻保安、监控（消防）中心保安等，而对于比较小的物业项目而言，岗位就相对地少一些。

架构01：大型物业公司保安部的组织架构

大型物业公司保安部组织架构如下图所示。

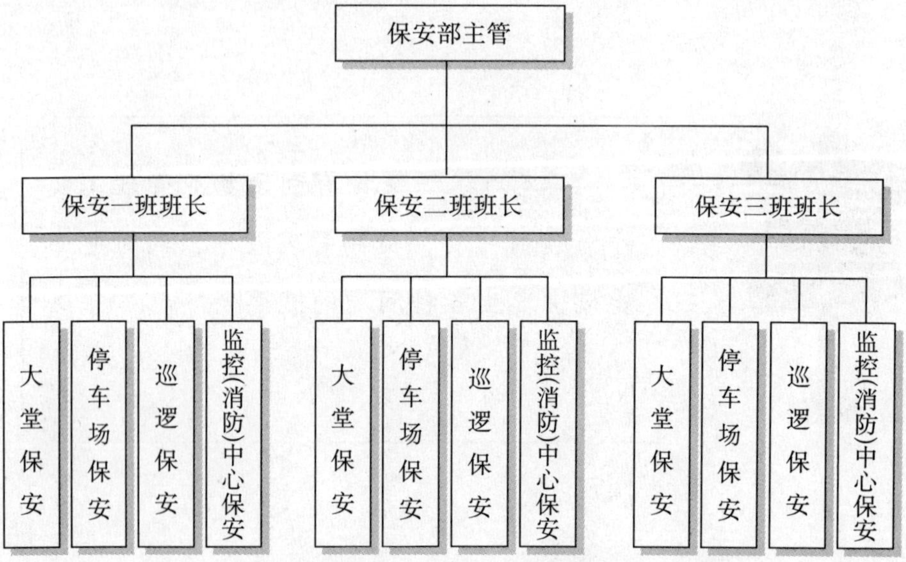

大型物业公司保安部组织架构

架构02：中小型物业公司保安部的组织架构

中小型物业公司保安部的组织架构比较简单，具体如下图所示。

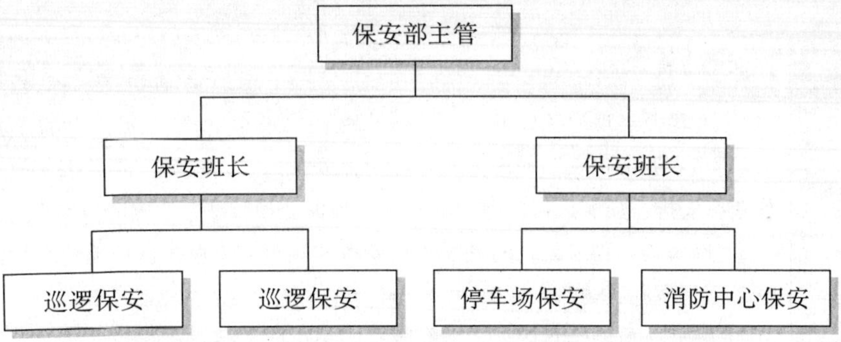

中小型物业公司保安部的组织架构

第二节　保安部的岗位职责

职责是指一个岗位所要求的需要完成的工作内容以及应当承担的责任范围。对于保安部而言，每一个岗位工作的场所不一样，所负责的工作内容也是不一样的，为了使每个岗位的保安员各司其职，就必须要明确其职责并不断地在日常培训中予以强调。

职责01：保安部的职责

保安部的职责如下表所示。

保安部的职责

部门名称	保安部
部门职责	（1）向业户提供标准的公共秩序维护及安全防范服务。 （2）防范小区内出现行窃、抢劫、故意破坏财产及损害行为。 （3）协助公安、消防部门对小区内发生的案件、违法事件进行现场维护。 （4）配合相关部门对消防设备、设施的日常巡视、保养。 （5）建立健全各项安全制度特别是消防安全制度以及各种应急方案，做好防范工作。 （6）对出入小区的访客、大件物品进行登记、检查。 （7）对装修施工进行监管及管理交通秩序、停车场等。

职责02：保安部主管的岗位职责

保安部主管的岗位职责如下表所示。

保安部主管岗位职责

岗位名称	保安部主管
岗位职责	（1）在物业经理的领导下，执行有关政策、法规，完成上级交办的任务。 （2）负责开展保安队的思想工作，对保安队的日常执勤、业务训练培训等具体工作进行安排、落实，树立保安队形象，确保公司所辖物业内的安全秩序。 （3）准确传达物业公司的各项工作安排和决策，督促执行各项管理规章制度，检查各项规章制度的落实情况。 （4）做好队员的思想教育、法纪教育，组织队员学习业务知识和训练，提高队员的素质。 （5）制订保安队的学习、训练、培训、演练计划，并具体组织实施。 （6）负责对保安班长的考核，并对不称职者提出处理意见。 （7）主持召开班长会议，总结前期工作并布置下阶段工作重点。 （8）负责保安队内勤管理，调整人员的配备、指导、执勤，处理队员在执勤中处理不了的问题。 （9）及时向上级汇报各项工作和规章制度落实情况、存在问题，提出解决问题方法。 （10）因管理不力，造成保安队工作失误或责任事故须承担连带责任。 （11）带领队员坚持原则、廉洁自律、洁身自爱、秉公执法，做好为民、便民、利民工作，完成上级交给的各项任务。

职责03：保安班长的岗位职责

保安班长岗位职责如下表所示。

保安班长岗位职责

岗位名称	保安班长
岗位职责	（1）不定时召开班务会议，准确传达保安队工作安排和决策，带领本班人员做好安全保卫工作。 （2）负责日常班务的处理，检查、督导、纠正本班人员在执勤中的违规行为。 （3）熟悉保安各岗位职责、任务，掌握所辖区域治安保卫消防管理工作的规律、特点。

（续表）

岗位职责	（4）上岗时要认真检查岗位设备设施，做好防火、防盗、防抢劫工作，发现不安全因素即时查明情况，排除险情，并及时报告队长及领导。 （5）积极向业户进行遵纪守法和治安消防防范知识的宣传。 （6）因管理不力，致使本班人员造成工作失误或责任事故须承担连带责任。

职责04：大堂保安员岗位职责

大堂保安员岗位职责如下表所示。

大堂保安员岗位职责

岗位名称	大堂保安员
岗位职责	（1）遵守岗位规定、服从指挥、文明执勤、礼貌待人，认真做好当班运行、交接班记录。上岗时间精神要饱满，有礼有节，工作要主动、热情、灵活。 （2）上岗时要认真检查岗位设备设施，做好防火、防盗、防抢劫工作，发现不安全因素即时查明情况，排除险情，并及时报告班长或物业公司主管人员，确保公司所辖物业的治安消防安全。 （3）密切注意辖区内异常情况，发现违法犯罪分子要设法抓获或及时报告。 （4）熟悉本岗位的任务和工作程序。 （5）熟悉重点楼层、部位、人员的工作程序，严格控制来人来访。 （6）维护辖区内的环境卫生与秩序，严禁小孩在大堂内玩耍及闲杂人员在内滞留。 （7）严格执行物品搬迁及人员出入管理制度，做好物品收存、交接登记工作。 （8）熟悉所辖物业的消防器材、设施的放置、安装位置，掌握各种器材的使用方法，遇到突发事件能及时、准确地进行处理。

职责05：停车场保安员岗位职责

停车场保安员岗位职责如下表所示。

停车场保安员岗位职责

岗位名称	停车场保安员
岗位职责	（1）停车场保安员经统一注册培训合格后，按规定着装，佩戴“上岗证”方可上岗值勤。 （2）执勤中必须以礼服人，不得与车主争吵或打架，出现问题，通知保安队长前来处理。

（续表）

岗位职责	（3）停车场收费必须使用文明用语和规范动作，做到严格管理、热情服务。 （4）车辆出入必须严格经电脑摄录、登记系统核查，发现车卡与车辆或驾驶人不符时，必须问明缘由，查清后方可放行，特殊车辆可作灵活处理，但必须登记清楚。 （5）车辆进出发生意外时，须及时通知保安队长前来处理，并立即报告物业经理，保安队长填写“特别事件报告”报物业经理、副总经理、总经理审阅。 （6）严格按照物价局额定标准收费，禁止收费不给票或不按票额收费，不准利用值班之机拉关系、收受贿赂，违者将严肃处理。 （7）引导车辆停放整齐，指挥动作规范，用语文明，注意察看进场及停放车辆的车况，发现问题及时与车主签字确认，避免纠纷发生。 （8）保持警惕，发现可疑人员、车辆要及时报告保安队长或物业公司主管人员，面对现行犯罪行为要挺身而出。 （9）发现车辆未锁门窗、漏油等情况时，要及时报告保安队长通知车主前来处理，确保车场通畅、车辆安全、车场设备设施完好。 （10）工作不力或失误造成恶劣影响或经济损失的，当班人承担相应责任。

职责06：巡逻保安员岗位职责

巡逻保安员岗位职责如下表所示。

巡逻保安员岗位职责

岗位名称	巡逻保安员
岗位职责	（1）熟悉重点楼层、部位、人员的工作特点，熟悉所辖物业的消防器材、设施的放置、安装位置及分布情况，掌握各种器材的使用方法。 （2）严格按照规定路线巡查，及时准确签名或打卡。 （3）检查各楼层的公共部位设施、设备的完好情况，做好记录。 （4）检查治安、防火、防盗、水浸等情况，发现紧急情况立即通知班长或物业公司主管人员，第一时间投入抢险工作。 （5）检查防火门是否关闭，机房门等是否锁闭及有无损坏。 （6）早班要根据情况减少各楼层通道照明，夜班在正常办公时打开早班关闭的照明。 （7）巡视大厦外墙、玻璃等设施是否完好，有损坏的做好记录，并上报主管或物业经理。 （8）在辖区内巡查，发现有可疑人员，应前往盘问，检查证件，必要时检查其所带物品。属“三无”人员的，应驱赶出管理辖区；属摆卖、推销人员的，应劝其离开管辖区。 （9）按要求做好巡逻记录，详细记录情况发生时间及确切位置。

职责07：监控（消防）中心岗保安员岗位职责

监控（消防）中心岗保安员岗位职责如下表所示。

监控（消防）中心岗保安员岗位职责

岗位名称	监控（消防）中心岗保安员
岗位职责	（1）按“保安员仪容及着装管理规定”和“交接班管理规定”做好上岗值勤的准备和交接工作。 （2）监控（消防）中心岗保安员应熟悉监控设备操作及各监控探头所在位置。 （3）发现可疑现象或可疑人员，应立即用对讲机或其他通信设备通知巡逻保安员进行巡查。 （4）妥善保存监控记录，严格按照规定时间进行更新。 （5）发现电梯困人或接到报警，应立即用对讲机或其他通信设备通知机电人员进行处理。 （6）紧急情况下对辖区内保安员进行调度。 （7）配合消防人员进行火灾监控。 （8）负责接听夜间业户电话，记录业户投诉，并通知保安主管进行处理。受理业户需求，对紧急情况要协调相关部门及时进行服务，一般维修等服务可移交第二天正常班管理人员处理。

第二章　客户服务中心组织架构与岗位职责

客户服务中心是物业管理处的职能部门，直接对管理处经理负责，主要承担着为小区业户提供各项服务的重要职责，规范的组织架构有利于提供更好的物业服务。

第一节　客户服务中心组织架构

不同规模的物业项目，项目管理处下属的客户服务中心的组织架构也不一样，其岗位设置也不一样。对于大的物业项目而言，客服中心的岗位设置比较细、比较多，如社区文化专员、资料员、仓管员、接待员、房管员等，而对于比较小的物业项目而言，岗位就相对地少一些，有些岗位就合并了，如资料员和接待员就合并成一个岗位——客户助理。

架构01：大型物业公司客户服务中心组织架构

大型物业公司往往规模较大，所辖区域内业户较多，组织架构也较复杂，具体架构如下图所示。

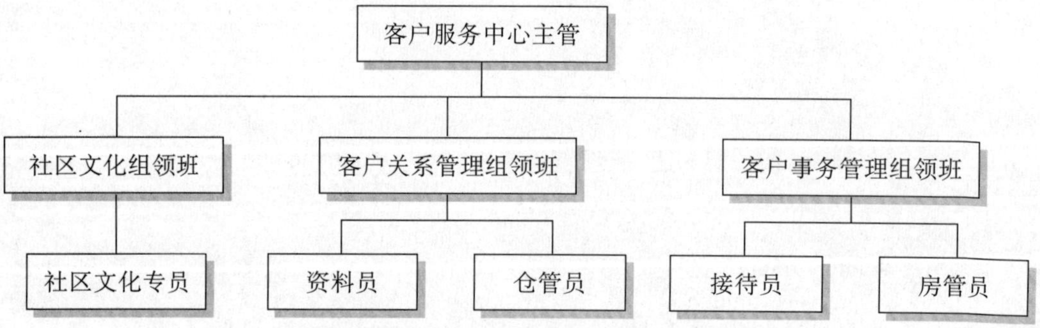

大型物业公司客户服务中心组织架构

架构02：中小型物业公司客户服务中心组织架构

中小型物业公司规模不大，业户人数不多，客户服务中心组织架构较为简单，具体架构如下图所示。

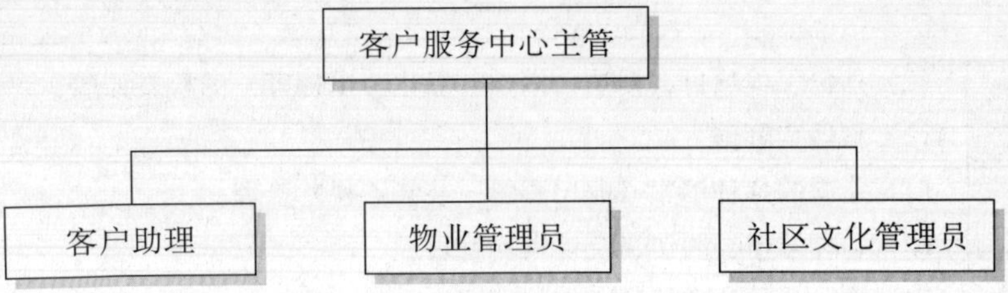

中小型物业公司客户服务中心组织架构

第二节　客户服务中心岗位职责

客服中心在整个物业管理处中起枢纽作用，是业户与物业管理处、各个班组之间联系的桥梁，其工作细而繁杂，所以，必须对每个岗位的职责加以明确，使各岗位各司其职，同时又能互相协助，形成团队的合力，才能做好客户服务的工作。

职责01：客户服务中心的职责

客户服务中心的主要职责是：24小时为业户服务，倾听业户的意见、建议，处理业户的投诉；为业户办理收楼手续、装修许可证，催缴各种应收费用。客户服务中心的主要职责如下表所示。

客户服务中心的职责

部门名称	客户服务中心
部门职责	1．接待工作 （1）接受业户的日常报修工作，并负责通知相关部门处理。 （2）负责客服热线，答复各种询问，接待来访业户、顾客。 2．沟通协调及投诉处理 （1）作为物业公司对外开放的主要窗口，对外协调与上级单位及行政主管部门的关系。 （2）协调与沟通和业户、业主委员会的关系。 （3）日常维修服务回访、定期回访、日常家访。 （4）对业户的投诉进行跟踪、回访和记录。 （5）对投诉进行统计、分析，并向物业公司经理提供分析报告。 3．监管工作 （1）各种管理工作的检查、督促。

（续表）

部门职责	（2）外包工程项目（清洁、消杀、绿化、电梯等）的检查监管。 4．资料档案管理 （1）业户的各种档案（业户资料、装修资料）管理。 （2）各种家访、回访、统计资料管理。 （3）物业公司各类管理文件的整理。 （4）各种文件、通知的起草、印发等工作。 5．社区文化开展 （1）组织物业公司的内部培训。 （2）组织各类社区文化活动、宣传板报、月报等。 6．综合事务 （1）物业公司各种费用的收取。 （2）为业户办理各种出入证件、车辆月卡、IC卡管理等。

职责02：客户服务中心主管岗位职责

客户服务中心主管岗位职责如下表所示。

客户服务中心主管岗位职责

岗位名称	客户服务中心主管
岗位职责	（1）在物业公司经理的领导下，负责服务中心的管理工作。 （2）根据物业公司的近、远期目标与统一部署，负责建立顾客服务体系，制订、修改、充实服务中心各项管理制度与工作流程，并组织实施。 （3）负责服务中心的管理与日常事务处理的领导与协调，充分发挥服务中心信息、调度、指挥中心的职责，协调好与各部门的关系，确保为业户提供高质量的服务。 （4）负责按照物管处的部署，领导服务中心开展并完成部门经营目标。 （5）负责对业户提出的特约服务按流程实施，并使业户满意。 （6）负责社区文化活动的策划、组织、实施，营造良好的办公文化氛围。 （7）与业户保持良好关系，定期走访客户，征求业户意见，掌握业户意向和需求，及时将信息整理提供给物管处主任，并配合制定应对方案。 （8）负责定期将服务中心收集的信息进行数据统计处理，进行必要的分析，形成报告，划分成急、特、重、大情况信息及时向物管处主任汇报。 （9）负责大厦清洁绿化的监控，督促分包商按要求做好服务工作。 （10）负责业户档案建立的把关，并移交物管处资料室管理。 （11）完成物管领导交办的其他工作。

职责03：社区文化组领班岗位职责

社区文化组领班岗位职责如下表所示。

社区文化组领班岗位职责

岗位名称	社区文化组领班
岗位职责	（1）熟悉住宅小区的物业状况及住户情况。 （2）负责物业公司对内、对外宣传工作。 （3）定期对宣传栏内容策划及更新工作。 （4）负责公司领导同意后的相关通知的起草工作。 （5）制订社区文化活动年度工作计划，根据计划，制定每项活动的实施方案。 （6）制订公司文体活动工作计划、根据计划制定每项活动的实施方案、组织策划各项活动的实施。 （7）负责社区文化建设大事记的资料、收集与建档工作。

职责04：社区文化专员岗位职责

社区文化专员岗位职责如下表所示。

社区文化专员岗位职责

岗位名称	社区文化专员
岗位职责	（1）负责建立、完善物业公司内部信息流通网络，确保信息上传下达通畅。筹划各种会议和活动，增进员工之间的沟通，融洽关系。 （2）通过开展各项活动、参与处理客户投诉，以及通过板报、宣传栏公布各种信息等措施，与客户建立广泛、畅通的信息沟通网络。 （3）通过开展联谊会、茶话会和登门拜访、致感谢信等活动形式，与物业主管部门、工商、税务、物价、水电气供应、有线电视、邮政通信等企事业单位建立信息沟通网络和良好的协作关系，为物业管理工作创造一个宽松的外部环境。

职责05：客户关系管理组领班岗位职责

客户关系管理组领班岗位职责如下表所示。

客户关系管理组领班岗位职责

岗位名称	客户关系管理组领班
岗位职责	（1）指导资料员做好对客户服务中心各类文件、资料的管理工作。 （2）定期向物业经理反映各类文件、资料的管理状况。 （3）负责对物业公司仓库的管理工作，指导仓管员做好仓库中各类物资的保管工作。 （4）负责安排资料员和仓管员的培训工作。 （5）完成上级安排的其他工作任务。

职责06：资料员岗位职责

资料员岗位职责如下表所示。

资料员岗位职责

岗位名称	资料员
岗位职责	（1）负责物业公司相关的文件和资料（包括内部、公开、外来文件和资料）的管理与控制。 （2）各部门资料员负责质量记录的收集、传递、登记、编码和保存。 （3）熟悉各种办公设备的性能、特点和操作方法，严格执行办公设备的有关管理制度，严禁未经批准的人员操作。 （4）完成上级安排的其他工作任务。

职责07：仓管员岗位职责

仓管员岗位职责如下表所示。

仓管员岗位职责

岗位名称	仓管员
岗位职责	（1）负责物业公司材料的库房保管工作，做到账、物相符。 （2）负责对库房硬件产品的搬运、储存和防护进行控制。 （3）对检验、试验和测量设备进行控制，负责物品的检查、验收、入库登记、出库管理、库房库存管理。 （4）严格控制物料的消耗，禁止随意浪费。 （5）完成上级安排的其他工作任务。

职责08：客户事务管理组领班岗位职责

客户事务管理组领班岗位职责如下表所示。

客户事务管理组领班岗位职责

岗位名称	客户事务管理组领班
岗位职责	（1）协助物业经理制定物业公司各项接待规章制度。 （2）指导接待人员热情接待来访客户和其他人士。 （3）安排接待员的日常培训工作。 （4）负责对接待员接听电话记录的审核。 （5）负责处理接待员收集的客户意见，并将其反馈到其他各部门和物业经理。 （6）完成上级安排的其他工作任务。

职责09：接待员岗位职责

接待员岗位职责如下表所示。

接待员岗位职责

岗位名称	接待员
岗位职责	（1）热情礼貌接待来访业户和其他访客，对他们的咨询事项尽量给予圆满的答复或解释。 （2）在上级领导、同行友人等前来物业公司检查、指导或参观时，负责接待工作，并做到热情、文明、周到、礼貌。 （3）负责接听电话并做好记录，重要事项或本人难以处理的问题应及时向主管汇报，重大事项应立即向主任汇报。 （4）负责上传下达，收集业户和员工的意见，向主管汇报。 （5）负责物业公司报纸、信函、文件的收发工作。 （6）负责物业公司办公室的清洁卫生工作。 （7）负责报修信息的接收、记录、回访工作，并及时将信息传达到工程部。 （8）完成上级安排的其他工作任务。

职责10：房管员岗位职责

房管员岗位职责如下表所示。

房管员岗位职责

岗位名称	房管员
岗位职责	（1）负责对房屋及其设施进行日常巡视检查，发现问题后及时通知工程部进行维护、修缮。 （2）负责办理入住手续及装修申请手续。 （3）负责装修工作的监督检查与验收，负责辖区内空置房的检查与管理。 （4）负责物业内违章项目的监督、检查及整治改造。 （5）负责回访工作并做好记录，做好业户意见调查工作。 （6）完成上级安排的其他工作任务。

第三章　工程部的组织架构与岗位职责

工程部是维持小区各项设备设施正常运转的一个重要部门，也是各物业项目管理处常设的一个部门，主要负责小区的房屋管理、工程维修、道路维修、机电设备的检查保养等工作，保证管理处的日常运转。

第一节　工程部的组织架构

工程部是物业公司的常设部门。物业管理面积比较大的物业公司，工程部的层级就比较多，岗位分工也比较细，而管理面积比较小的物业公司，工程部的层级就比较少，岗位分工就会粗放一些。

架构01：大型物业公司工程部组织架构

在大型的物业公司中，尤其是针对写字楼和商业楼的物业管理，工程部的层级设计比较复杂。在这种情况下，因为对于某类工作的专业化要求比较高，所以，往往在经理层次下就某专业设置一个主管，如给排水主管、强弱电主管等，主管之下再设工程师或技工等，具体如下图所示。

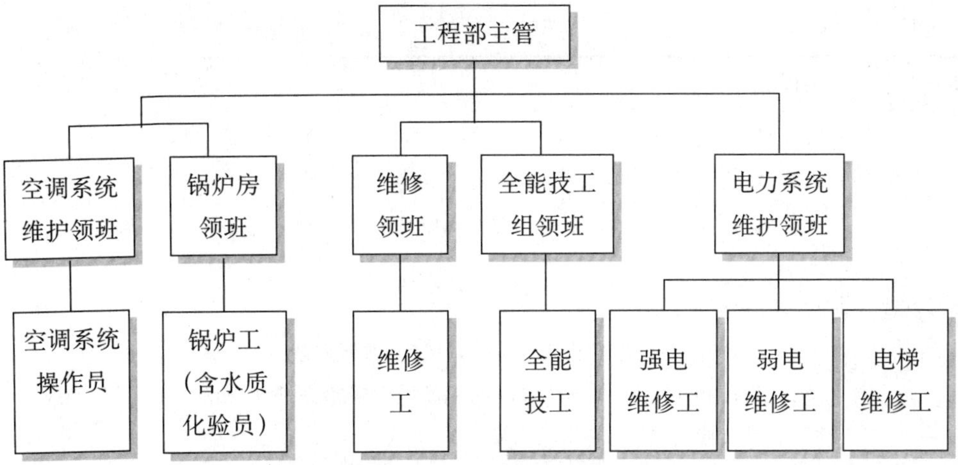

大型物业公司工程部组织架构

架构02：中小型物业公司工程部组织架构

在中小型物业公司，工程部的组织结构往往会简化，不会设置过多的专业岗位，有的甚至会简化主管级的层次设计，由工程部主管直接领导基层人员的工作。其结构图如下图所示。

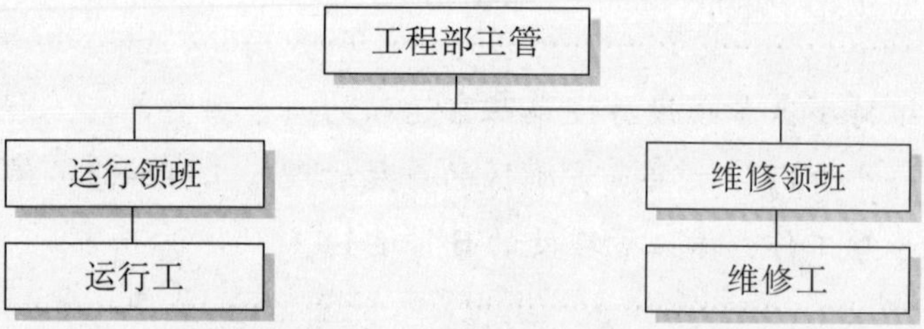

中小型物业公司工程部组织架构

第二节 工程部的岗位职责

物业小区内的设施设备非常多，有供电、供水、供气、消防、弱电通信系统等，除此之外，工程部还需上门为业主提供服务。工程部的工作范围非常广，而且专业性又很强，要做好这些工作，必须配备相应的人员，明确各自的职责，才能共同维护好设施设备，保证小区业户们的正常生活。

职责01：工程部的职责

工程部的职责如下表所示。

工程部的职责

部门名称	工程部
部门职责	1．项目接收 （1）负责新接管项目的前期介入、接管验收工作。 （2）负责组织本公司技术能力不能解决的重大故障维修项目的招标及监督、验收工作。 2．房屋维修、维护 （1）制订并不断完善房屋的维修、维护管理制度。 （2）制订和实施房屋的修缮计划，确保房屋的完好与正常使用。 3．房屋装修管理 （1）对业户的装修方案进行审批。

（续表）

部门职责	（2）与业户、施工单位签订装修管理协议，并告知业户装修注意事项。 （3）对装修现场进行巡视检查，及时发现违反施工管理规定和装修方案的情况并督促其改正。 4．设备设施维护 （1）制订并不断完善辖区内设备设施的管理制度和维修养护作业规程。 （2）负责设备设施的安装验收、安全运行管理工作。 （3）负责制订各系统设备设施的维修保养计划，并组织落实。 （4）负责高低压配电室、锅炉房、水泵房的安全运行管理工作。 （5）处理公司相关部门和业户的报修事务。 5．采购管理 （1）采购工程管理部所需的材料、工具、配件等物品。 （2）负责工程管理部物品的登记、入库、保管、领取手续办理等工作。 6．内部管理 （1）合理调配部门员工的工作。 （2）部门经费的控制与管理。 （3）定期对员工进行业务培训与考核。

职责02：工程部主管岗位职责

工程部主管岗位职责如下表所示。

工程部主管岗位职责

岗位名称	工程部主管
岗位职责	（1）组织物业管理的验收和交接工作。 （2）负责施工现场的监督管理，参加竣工验收。 （3）服从物业经理的领导及工作安排，根据物业公司制定的管理目标，组织实施设备设施的维修保养工作。 （4）掌握物业概况，熟悉各大系统的设备情况。 （5）负责处理客户的维修申请，若需收费的，核定收费项目和标准，及时安排人员进行维修。 （6）批准维修单，对维修工作进行验收。 （7）组织处理设备设施的突发事故。 （8）负责配合自来水公司、电话公司、煤气公司、供电局、有线电视台等业务单位的维修检查工作。 （9）负责监督机电设备、消防设施及防盗设施的检查和维护工作。

（续表）

岗位职责	（10）定期对本部门成员进行培训，提高本部门人员的综合素质。 （11）组织房屋、设备设施完好率的计算。 （12）负责建筑物、设备设施巡视维护表以及各种运行、测试记录表的审核。 （13）负责组织编制本部门的“计量设备年度校验计划表”及建立“计量设备台账”，并负责计量设备的送检。 （14）组织对分包商的工作进行监督。 （15）完成物业经理安排的其他工作任务。

职责03：空调系统维护领班岗位职责

空调系统维护领班岗位职责如下表所示。

空调系统维护领班岗位职责

岗位名称	空调系统维护领班
岗位职责	（1）执行工程部经理的工作指令并报告工作。 （2）带领班组员工严格执行冷冻机操作使用和维修保养规范及有关的管理制度，保证设备完好和正常运行。 （3）在上级经理的指导下，负责做好冷冻机的技术改造和中、大修项目的实施及竣工验收工作。 （4）协助上级经理做好冷气供应的计划和协调工作，掌握和分析冷冻机房每天能耗情况，做好节能工作和能耗记录。 （5）认真处理冷冻机故障并对事故进行分析及技术资料的分类归档工作。 （6）负责班组的工作安排和考勤、考核，抓好文明班组建设。 （7）做好交接班工作，交接清楚并有记录。

职责04：空调系统操作工岗位职责

空调系统操作工岗位职责如下表所示。

空调系统操作工岗位职责

岗位名称	空调系统操作工
岗位职责	（1）听从领班的工作安排。 （2）严格按照冷冻机操作和维修保养规范进行操作。

（续表）

岗位职责	（3）经常主动询问供冷情况，及时做好调整工作，保证冷气供应。 （4）定时巡视和检查机房设备的运行情况，做好电表、水表记录和运转、维修记录，并保存完整。 （5）搞好机房清洁卫生，爱护和保养机房内的设备。

职责05：锅炉房领班岗位职责

锅炉房领班岗位职责如下表所示。

锅炉房领班岗位职责

岗位名称	锅炉房领班
岗位职责	（1）执行工程部经理的工作指令并报告工作。 （2）带领下属员工严格按照检修操作规范和有关管理制度，做好锅炉及其附属设备的维护保养和定期检修工作以及水质化验的各项记录，确保锅炉安全、经济运行。 （3）在上级经理的指导下，负责实施锅炉技术改造、技术革新方案，积极推广新技术。 （4）负责抓好锅炉备品、备件和能源物料的使用、管理工作，掌握和分析锅炉房每天能耗情况，做好节能工作和能耗记录。 （5）认真做好锅炉事故分析和技术资料分类归档工作。 （6）负责员工的班次安排和考勤、考核，抓好文明班组建设。 （7）做好交接班工作，交接清楚并有记录。

职责06：锅炉工岗位职责

锅炉工岗位职责如下表所示。

锅炉工岗位职责

岗位名称	锅炉工
岗位职责	（1）听从领班的工作安排。 （2）定时进行水质化验，及时进行排污，并做好水质化验和处理记录。 （3）严格按照锅炉操作规范和管理制度，做好锅炉司炉、水质化验和维修保养工作，保证锅炉安全经济运行。

（续表）

岗位职责	（4）经常巡视和检查锅炉运行情况，正确调节运行参数，认真填写锅炉运行日报、检修记录和交接班记录。 （5）参加锅炉的年检和大、中修工作，并做好锅炉的例行保养和一、二级保养。 （6）保持锅炉房和水处理化验间的环境卫生，并做好锅炉本体、辅机和水处理设备的清洁工作。

职责07：维修领班岗位职责

维修领班岗位职责如下表所示。

维修领班岗位职责

岗位名称	维修领班
岗位职责	（1）执行工程部经理的工作指令并报告工作。 （2）带领员工落实报修的泥、木、漆、管工、沙发、地毯、铜、白铁工工作，并对每个报修项目的修理情况进行监督和追踪检查，确保工作质量，及时做好考核记录。 （3）坚持“以养为主，抢修为辅”的原则，组织员工定期对营业场所的设备和管道等进行巡视、检查、保养。 （4）沟通协调与有关部门的联系和其他工种间的工作关系。 （5）负责对泥、木、漆、管工等工种的维修材料和工具的管理工作。 （6）按月编制维修工作进度表，及时汇报工作情况。 （7）负责班组的考勤、考核，抓好文明班组建设。

职责08：维修工岗位职责

维修工岗位职责如下表所示。

维修工岗位职责

岗位名称	维修工
岗位职责	（1）听从维修组领班的工作安排。 （2）负责做好各项设备的维修工作。严格执行操作规范，保证维修质量，并做好工作场地的防火安全和清洁工作。 （3）做好各类维修工具和工作器械的保管和保养工作，并且爱惜使用。 （4）合理使用各种物料和零配件，及时做好耗用报账工作。

职责09：全能技工岗位职责

全能技工岗位职责如下表所示。

全能技工岗位职责

岗位名称	全能技工
岗位职责	（1）听从维修领班的工作安排。 （2）负责对营业场所的设施设备进行有计划的循环维修保养，以及不超过4个工时的单项维修工作，保证工作质量，并按时完成任务。 （3）努力学习和钻研业务技术，较全面地掌握电、管道、空调、铜、木、漆和地毯、沙发等工种的维修技术。 （4）自觉做好维修保养的收尾工作，人走场地清，不玷污和损伤地面、墙面及其他部位。

职责10：电力系统维护领班岗位职责

电力系统维护领班岗位职责如下表所示。

电力系统维护领班岗位职责

岗位名称	电力系统维护领班
岗位职责	（1）执行工程部经理的工作指令并报告工作。 （2）带领班组员工严格按照高压、低压用电管理制度和安全操作规范，做好日常工作。 （3）组织员工做好电气装置的维修管理和技术革新工作，协同有关部门做好新装电气设备的竣工验收工作。 （4）参加电气故障和事故的分析会议，提出整改意见和防范措施。 （5）配合有关部门做好操作人员的业务技术和安全操作培训工作，提高操作人员的技术水平。 （6）负责变压器房，高、低压配电房的供电配套工作，做好计划用电、安全用电、节约用电的管理工作。掌握和分析每日能耗情况，做好能耗记录。 （7）带领和督促员工做好高、低压配电房的值班巡查维护工作，定期做好清洁工作。 （8）负责制订设施设备电气保养计划。 （9）负责编制电气备品、备件申购计划。 （10）负责员工的工作安排和考勤、考核，抓好文明班组建设。

职责11：强电维修工岗位职责

强电维修工岗位职责如下表所示。

强电维修工岗位职责

岗位名称	强电维修工
岗位职责	（1）听从上级主管人员的工作安排。 （2）严格执行安全制度，并按操作规范进行操作。 （3）做好高、低压配电房和变压器房配电设备的维修保养工作，确保正常供电。 （4）做好动力、照明等电气设备的维修保养工作，保证电气设备和照明灯具的正常使用。 （5）各项电气工作要严格做到：装得安全、用得正确、修得及时、拆得彻底。 （6）负责定期检查移动及半移动用电器具的安全绝缘，每半年进行一次耐压试验。 （7）认真做好值班工作日记和设备运行记录。

职责12：弱电维修工岗位职责

弱电维修工岗位职责如下表所示。

弱电维修工岗位职责

岗位名称	弱电维修工
岗位职责	（1）听从上级主管人员的工作安排。 （2）严格按照工作规范和要求，做好电脑、电话、音像和保安监控系统设备的维修保养工作，确保安全、正常运行。 （3）经常巡视、检查设备运行情况，配合和协助使用部门做好日常管理和清洁保养工作，做到正确使用。 （4）做好各类备品、备件和各种维修器具的保管和保养工作，合理使用各种物料和零配件，并及时做好耗用报账工作。

职责13：电梯维修工岗位职责

电梯维修工岗位职责如下表所示。

电梯维修工岗位职责

岗位名称	电梯维修工
岗位职责	（1）听从上级主管人员的工作安排。 （2）负责检查电梯门的开关是否平稳及有无异常声音，以及安全门挡运行是否正常。 （3）负责检查电梯的起、停及运行有无异常现象，各种电器设备有无损坏。 （4）负责检查电梯轿厢内紧急装置（对话机、应急灯、警钟等）有无损坏，各按钮动作是否正常及有效。 （5）负责电梯停到楼层面时轿厢与候客厅的地面是否有很大差距（高低不平）现象。 （6）要认真执行电梯安全运行管理规定，加强巡视并做好记录，督促检查维修保养质量。

第四章　环境管理部组织架构与职责

环境管理部是负责所辖物业区域内的清洁卫生、园林绿化与养护工作，是使小区保持干净、整洁、优美的一个重要部门。该部门在每一个项目的物业管理处中是必不可少的。

第一节　环境管理部组织架构

环境管理部的组织架构的复杂度是由物业区域规模的大小，保洁、绿化工作量的多少而决定的。在物业区域规模小，保洁、绿化工作量不大的情况下，可以不设专门的机构，但是要有专人负责；在物业区域规模比较大，保洁、绿化工作量比较大的情况下，就应当设立专门的机构，并配备专门的人员。

架构01：大型物业公司环境管理部组织架构

大型物业公司环境管理部的架构相对复杂，具体如下图所示。

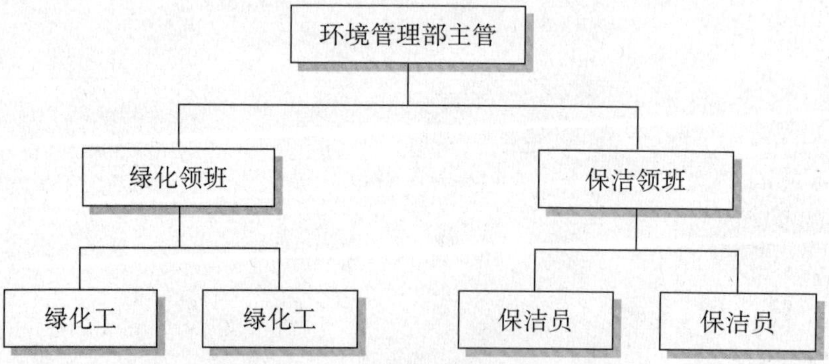

大型物业公司环境管理部组织架构

架构02：中小型物业公司环境管理部组织架构

中小型物业公司规模较小，其物业环境部组织架构也相对简单，具体如下图所示。

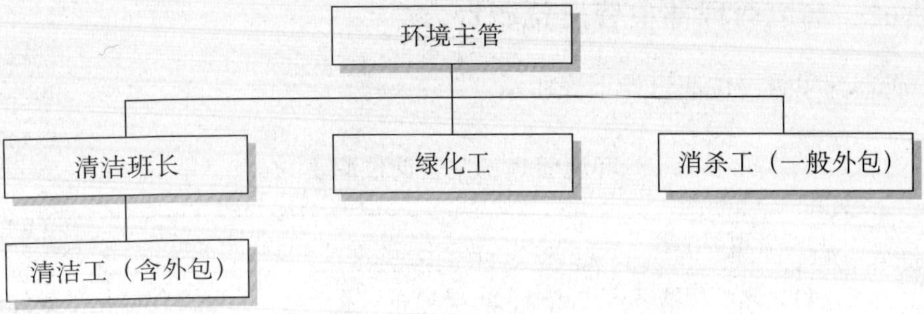

中小型物业公司环境管理部组织架构

第二节　环境管理部岗位职责

保洁、绿化工作在人们的眼里，看来是非常简单的，但要做好，并令业户满意，其实并不简单。保洁、绿化是一项细致、量大的工作，每天都有垃圾要清运、场地要清扫，涉及物业管理范围内的每一个地方。因此，必须做到责任分明，各个岗位都职责明确。

职责01：环境管理部的职责

物业公司环境管理部主要负责辖区内的保洁与绿化，为业户提供干净、整洁、优美的工作和生活环境。

环境管理部的职责

部门	环境管理部
职责	1．清洁管理 （1）公共场所的保洁，即指物业区域内，楼宇前后左右的公共场所，包括道路、广场、空地、绿地等的清扫保洁。 （2）公用场所的保洁，即指楼宇地下室到顶层屋面上下空间的公用场所，包括楼梯、走道、电梯间、大厅、平台等的清扫保洁。 （3）生活垃圾的处理，这是指日常生活垃圾（包括装修垃圾）的分类收集、处理和清运。要求和督促业户按规定的地点、时间和要求，将日常垃圾倒入垃圾桶或者指定的垃圾收集点，不得擅自乱倒。 2．物业绿化管理 （1）绿化管理人员的招聘与培训。 （2）物业区域内绿化用地设计、营造与日常养护。 （3）物业区域内空间绿化的设计、营造与日常养护等。

职责02：环境管理部主管岗位职责

环境管理部主管岗位职责如下表所示。

环境管理部主管岗位职责

岗位名称	环境管理部主管
岗位职责	（1）熟悉所辖区内物业概况、绿地面积及布局，指导督促绿化工做好绿化的杀虫、修剪、施肥、浇灌等工作。 （2）指导督促清洁工做好辖区内公共场所的清洁保洁工作。 （3）负责巡视、检查绿化、清洁工作落实情况，发现问题，责成有关人员立即处理。 （4）对清洁不分包的物业，要根据实际情况合理配置清洁保洁人员和清洁工具，划分责任区，确保不留卫生死角。 （5）接受业户咨询时，态度要周到、热情，对业户提出的疑难问题及时予以解决。 （6）加强对本部门员工的思想教育和技能指导，提高员工的综合素质。 （7）完成上级安排的其他工作任务。

职责03：绿化领班岗位职责

绿化领班岗位职责如下表所示。

绿化领班岗位职责

岗位名称	绿化领班
岗位职责	（1）拟制本部门工作计划。 （2）组织实施辖区内的绿化养护。 （3）合理分派人员养护辖区内绿地。 （4）指导、督促和检查本班员工的工作。 （5）完成主管安排的其他工作。

职责04：绿化工岗位职责

绿化工岗位职责如下表所示。

绿化工岗位职责

岗位名称	绿化工
岗位职责	（1）负责所辖区内绿化的养护管理，及时修剪花草、树枝。

（续表）

岗位职责	（2）负责所辖区内绿化的种植工作，及时清理枯枝败叶，补全缺苗绿化带。 （3）负责所辖区内绿化的病虫害防治工作。 （4）经常对绿化工具进行保养维护，以确保绿化工具在正常的使用状态。 （5）完成领班安排的其他工作任务。

职责05：保洁领班岗位职责

保洁领班岗位职责如下表所示。

保洁领班岗位职责

岗位名称	保洁领班
岗位职责	（1）按照公司经理的指示精神和公司的管理目标，组织各项清扫保洁管理的具体工作。 （2）每日检查督促各区域保洁任务的完成情况，发现问题及时返工。 （3）接洽开拓各种清洁服务业务，为公司创收。 （4）经常进行巡查抽查，发现卫生死角及时解决。

职责06：保洁员岗位职责

保洁员岗位职责如下表所示。

保洁员岗位职责

岗位名称	保洁员
岗位职责	（1）执行公司质量体系有关清洁的规定，负责所辖区内道路、挡道、雨水口、检查井、绿地、停车场、屋顶、楼梯间、窗户及其他物业管理合同要求范围内的清洁卫生及保洁工作，保证辖区内的干净整洁。 （2）负责清除辖区内违章张贴。 （3）负责辖区内清洁卫生设施的管理。 （4）负责“四害”等的消杀工作。 （5）每次使用完保洁工具、器具后应清洗干净，统一存放于指定地点，并及时补充或申领保洁工具、器具。 （6）在所辖区内发现可疑情况，及时向物业公司报告。 （7）完成领班安排的其他工作任务。

第三部分

怎样规范物业管理工作流程

流程是一项工作从开始到结束的全部步骤，规范的物业管理离不开各种流程，如电话预订工作流程、书面预订工作流程等。只有按照这些流程进行，才能使工作有条不紊地进行。

第一章　物业安全管理流程

物业安全管理是指物业公司采取各种措施、手段，保证业户的人身、财产安全，维持正常生活和工作秩序的一种管理行为。物业安全管理流程即将安全管理中的各项业务梳理出来，确定每一业务的工作步骤，明确每一步骤的处理方法。

第一节　日常安全管理流程

物业小区中的日常安全管理的事项有来访人员登记、巡查各岗位执勤情况、巡楼、邮件发放、业户报警处理、物品搬入搬出等。

流程01：来访人员登记流程

小区内人来人往比较多，为了确保小区业户的财物安全，物业公司通常设立来访登记制度，由小区门岗保安或大堂保安来执行。来访人员登记流程如下表所示。

来访人员登记流程

流程	流程说明
登记与核对证件	（1）门岗保安员必须登记来访人员有效证件，特指没有过期的身份证、暂住证、回乡证等。 （2）当接过来访人员的证件时，应使用“谢谢”等文明用语。 （3）认真填写来访登记表，要求字迹清楚，项目全面准确。
通告	（1）来访人员必须说准所访问业户的姓名及楼座等，必要时，须用对讲机通话确认后方可进入。 （2）若遇不经登记试图强行进入小区的，按公司有关规定处理。
不同情况登记处理	（1）当业户带有亲友或其他来访人员时，应有礼貌地请其出示有效证件予以登记，并向业户做必要的解释工作，以消除业户的不满情绪。 （2）若遇公司领导陪同指导、参观、学习的社会各界人士来访时，应立即起立敬礼，以示欢迎，并热情地回答业户的询问。等业户走后，将参观人数、单位、职务等情况记录清楚备查。

流程02：巡查各岗位执勤情况工作流程

要了解各个保安岗位的执勤情况，主管的巡查是很好的一个手段。巡查各岗位执勤情况工作流程如下表所示。

巡查各岗位执勤情况工作流程

流程	流程说明
巡查时机 ↓	保安部主管人员、巡逻班长每一小时到各岗位巡视一次。
巡查内容 ↓	（1）巡查时，发现有不认真执勤或违纪、违章等情况，要及时纠正，并做好值班记录，上报物业公司。 （2）检查各岗位交接是否清楚，手续是否完备，保安员的着装、仪容仪表等是否符合规定。
记录存档	巡查工作应使用相关巡查表格，以对巡查的情况进行记录，并存档。

流程03：巡楼的流程

巡楼的流程如下表所示。

巡楼的流程

流程	流程说明
巡查天台 ↓	巡楼保安员乘电梯到天台，认真仔细地巡视一遍，发现不安全因素或问题及时处理，并报告当班班长或上级主管，做好值班记录。
逐层巡查 ↓	（1）从天台到楼梯逐层巡查至地下室。 （2）巡查每层楼时，要眼睛多看有无异常情况，耳朵多听有无异常响动，鼻子多嗅有无异常气味等。
重点巡查电梯机房与水箱 ↓	巡查电梯机房和水箱等门边暗角，发现不安全因素及时和维修人员取得联系，力争尽快处理，并做好记录。
消除隐患 ↓	巡逻保安员要仔细检查房屋本体、公用设施和消防、防盗设施是否完好无损，若有损坏或异常情况要填写故障通知单，情况严重的要立即报告当班班长或上级主管及时处理，并做好记录。

（续表）

流程	流程说明
↓ 巡楼异常处理	当发现有业户室内冒烟并伴有焦煳味，歹徒撬门行劫行凶，可疑人员在楼道徘徊，室内有水溢出门外，业户房门大开，呼叫无人应答，业户室内有打闹、哭叫、呼救声等情况时，应按物业公司相关规定立即采取行动，并报告当班班长或上级主管及时处理。
↓ 记录存档	做好巡楼的记录工作，并存档。

流程04：巡逻签到流程

巡逻签到是指物业管理处在小区内设立巡逻签到箱，巡逻保安巡逻到此，应打开箱门，从里面拿出一个签到簿，在上面签上自己的姓名以及当时时间。这是规范巡逻员的工作，从而有效地保证巡逻的广度和密度的一项有效的措施。巡逻签到流程如下表所示。

巡逻签到流程

流程	流程说明
巡逻	各辖区的保安员按正常安排进行巡逻。
↓ 签到	（1）按规定时间打开签到箱在签到卡上签到一次。 （2）签到时间，签到人、检查人都要求在卡上签名并注明。 （3）辖区内应按逐次巡逻的规律，到每一个签到箱签到。 （4）每张签到卡，不允许同时签到。
↓ 检查	（1）保安主管在每个巡逻班次时间内检查不少于一次，重点检查巡逻人员的签到卡。 （2）凡检查不合格者按公司规定进行处理，如记过等。

流程05：巡逻中发现业户未锁门处理流程

巡逻中发现业户未锁门处理流程如下表所示。

巡逻中发现业户未锁门处理流程

流程	流程说明
推门	保安员巡楼时逐间推拉各房门，检查有无锁好。
未锁门处理	（1）一旦检查发现业户未锁门，应按门铃，有人开门则予以提醒：“先生（小姐），您好！打扰您了，为了您的财产安全，请您关好门，以防窃贼有机可乘！” （2）如果室内无人，立即报告当班班长，当班班长未到不得离开，不得让其他人员进入或私自进入业户室内检查。
异常处理	如发现室内存在盗窃现象，应立即通知业户，并根据实际情况决定是否报警。
记录存档	做好事情经过处理的记录工作，并存档。

流程06：业户临时存放物品处理流程

业户临时存放物品处理流程如下表所示。

业户临时存放物品处理流程

流程	流程说明
提出要求	业户要求临时寄存物品。
检查物品	确定寄存物品大小、数量，以及种类。
登记	对存放物品进行登记，详细记录其具体情况。
粘贴标签	（1）在存放物品上粘贴标签，注明物品基本情况。 （2）小件杂物无需记录，为了便于识别，贴上标签即可。
取回	业户在相关记录上签字确认，取回物品。

流程07：邮件、报刊收发流程

邮件、报刊收发流程如下表所示。

邮件、报刊收发流程

流程	流程说明
邮件、报刊送到	邮件、报刊送到时，门岗保安员对送货人员及其送的邮件、报刊进行登记。
处理	（1）重要邮件。门岗保安员填写《重要邮件收发登记表》相关内容，立即通知并送达收件人。 （2）普通邮件。按地址投入信报箱或业户自取，当天未被领取或业户有特别交代的，应予以保存并做好记录。
收件人签收	收件人来到后，门岗保安员仔细核对其身份，并使其签收，签收后方可领取邮件、报刊。

流程08：业户报警处理流程

业户报警处理流程如下表所示。

业户报警处理流程

流程	流程说明
查看报警位置	当业户拨打报警电话或用其他方式进行报警时，监控保安员应立即查看报警位置，确认业户报警类型。
发出指令	（1）根据不同的报警类型，监控保安员立即用对讲机或其他通信设备向辖区保安员发出不同指令。 （2）监控保安员发出指令时，应口齿清楚，语言简练，报警内容和具体位置要连呼三遍。 （3）如对讲机受到干扰，一方送话或接收不灵，应迅速改用电话联系。
处理	各岗位保安员接警后应立即赶赴报警区域进行处理，并把情况反馈到监控中心。
记录存档	事后，监控保安员和现场处理保安员应做好相关的记录，并存档。

流程09：辖区周边报警处理流程

辖区周边报警处理流程如下表所示。

辖区周边报警处理流程

流程	流程说明
查看报警区域	当监控主机发出报警信号时，监控保安员应仔细查看报警区域图像。
通知	监控保安员应立即通知其他岗位的保安员赶往报警区域进行处理。
处理	（1）保安员要辨别警情内容，如系行人误入防区的可及时复位；如发现形迹可疑之人翻墙进入辖区的，应立即赶赴制止或抓捕。 （2）对无电视报警系统的周边报警，应参照“户内报警”的内容执行。
查看多次误报警区域	若同一区域出现多次误报警，保安队长、监控保安员应及时向上级主管汇报，并及时将信息反馈到维修中心或安装单位进行报修。
查看报警区域	监控保安员应作详细的警情处置记录，并存档。

流程10：可视报警处理流程

可视报警处理流程如下表所示。

可视报警处理流程

流程	流程说明
观察	监控保安员通过监视屏进行动态观察，观察时应认真仔细，不得马虎。
异常处理	如发现出入口、车库（停车场）、大堂、电梯、楼层有异常情况或可疑人员，应立即用对讲机或其他通信设备通知辖区保安员，讲清具体的位置、嫌疑人的体貌特征，由保安员前往处理。
提供信息	通过监视屏进行跟踪监视，及时给现场保安员提供准确的信息。
记录存档	事后做好相关记录，并存档。

流程11：火灾报警处理流程

火灾报警处理流程如下表所示。

火灾报警处理流程

流程	流程说明
通报	当主机发出火警讯号时，应立即用对讲机或其他通信设备通知保安员前往检查并讲清火警的具体位置，如系误报，应及时复位；如经常发生误报应及时向上级主管报告，并把信息反馈到维修中心或安装单位进行报修。
↓ 火警处理	（1）立即向有关领导进行报告。 （2）根据火情的大小及现场最高负责人的指令，启动消防水泵、排烟阀、送风阀，关闭分区防火门，启用消防广播。 （3）通过监视屏对火警现场进行报警，为义务消防员的扑救和疏散工作提供准确信息，并告知有无异常情况和可疑人员。 （4）检查电梯内是否有人。 （5）坚守岗位，做好一切应急准备工作，等待指令。
↓ 记录存档	对火警的处置过程进行记录，并存档。

流程12：保安员交接班流程

保安员交接班流程如下表所示。

保安员交接班流程

流程	流程说明
当班工作记录	交班前做好当班工作记录，由保安班长阅读移交事项，清点当班移交物品。
↓ 到岗 ↓	接班保安员列队，由班长点名，检查仪容、仪表、着装是否符合要求后，保安员分别到各岗位接岗。

（续表）

流程	流程说明
接岗	（1）接班时，当班保安员站在原位，接班保安员走到当班保安员约两步间距处，双方立正、目视对方，同时敬礼。 （2）敬礼，身体挺直呈直立状，右手从胸前快速升至右侧脸庞，大臂保持与肩相平；大臂与小臂呈45度夹角，手掌与小臂呈一直线，五指并拢，中指离太阳穴2厘米左右。 （3）礼毕，当班保安员以规范用语简述当班情况“本班情况正常”，或“本班发生某件事情，具体情况请看当班记录”。 （4）接班保安员听明白后，回答“明白”。
↓ 保安器材移交	交接双方站在原位完成保安器材移交。
↓ 完毕	（1）器材移交完毕后，双方再次敬礼。 （2）礼毕，双方交叉换岗，当班保安员向右横跨一步后立正，接班保安员向前跨两步走，立正，向后转，跨立，完成接岗，下班保安员方可离岗。

流程13：物品搬入流程

物品搬入流程如下表所示。

物品搬入流程

流程	流程说明
领取“物品放行条”	申请搬入人员到物业公司客户服务中心领取“物品放行条”，详细填清楚搬入物品的各项具体情况，如重量、用途等。
↓ 查验放行条	（1）保安员核对“物品放行条”，检查搬入物品中有无禁止搬入的物品，若无，收回“物品放行条”，予以放行。 （2）如果有禁止搬入的物品，应阻止其物品搬入，同时通知上级主管做好处理工作。必要时可报警。
↓ 做好记录	保安员必须做好物品搬入记录，并请申请搬入人员签名。
↓ 返回放行条	当日将“物品放行条”返回保安队长处。

流程14：物品搬出流程

物品搬出流程如下表所示。

物品搬出流程

流程	流程说明
领取“物品放行条”	申请搬出物品人员凭有效证件到客户服务中心领取“物品放行条”，详细列明搬出物品清单及各项物品的具体情况。
↓ 核查	保安员首先核查物品搬出申请人员的证件是否有效，杜绝他人冒充行为，其次核查搬出物品与“物品放行条”上面写的是否一致。
↓ 放行	保安员核查无误后放行，收回“物品放行条”。
↓ 做好记录	保安员必须做好物品搬出记录，并请申请搬出人员签名。
↓ 返回放行条	即日将“物品放行条”返回保安部主管。

第二节　突发事件处理流程

突发事件，是指突然发生、造成或者可能造成严重社会危害、需要采取应急处置措施予以应对的自然灾害、事故灾难、公共卫生事件和社会安全事件。物业公司应将小区内常见的、可能发生的突发事件归纳总结出来，规范每一事件的处理流程，并在日常培训中对员工加以培训。

流程01：执勤中发现盗贼、匪徒处理流程

执勤中发现盗贼、匪徒处理流程如下表所示。

执勤中发现盗贼、匪徒处理流程

流程	流程说明
通报	执勤保安员在执勤过程中发现盗贼、匪徒时，要第一时间通报监控中心。如果能自行处理，应即行处理；如果不能自行处理，应等待其他保安员前来援助。
调派人手	监控中心接到通报后，立刻调遣其他区域保安员前往事发区域，同时通知门岗封锁出口，然后视情况向有关领导汇报。
赶赴现场	各区域保安员在听到通报后，要立即赶到现场。
处理	（1）保安员要保持镇静，设法制伏罪犯。 （2）若罪犯逃跑，一时又追捕不上时，要看清人数、衣着、相貌、身体特征、所用交通工具及特征等，并及时报告监控中心，重大案件要立即拨“110”电话报警。
救治	现场人员如有受伤，要尽快送医院救治。
保护现场	保安员要保护好现场，任何人不得擅自移动任何东西，包括罪犯留下的一切手痕、脚印、烟头等；不得让外人进入现场；在公安机关人员未勘察现场或现场勘察完毕之前，不能离开。
记录存档	事后要对事件的处理做好记录工作，并存档。

流程02：执勤中发现斗殴处理流程

执勤中发现斗殴处理流程如下表所示。

执勤中发现斗殴处理流程

流程	流程说明
制止	保安员执勤中发现有人斗殴的现象时，要及时制止。制止原则为：劝阻双方住手、住口；对争吵或斗殴的双方或一方劝其离开现场；持有器械的斗殴，则应先制止持械一方；有伤员则先送伤员去医院救治。

（续表）

流程	流程说明
↓ 报告	如果无法处理，要迅速报告部门主管或物业公司其他主管，由物业公司出面调解。
↓ 记录存档	将斗殴的情况、处理措施记录下来，并存档。

流程03：执勤中发现业户醉酒闹事或精神病发作处理流程

执勤中发现业户醉酒闹事或精神病发作处理流程如下表所示。

执勤中发现业户醉酒闹事或精神病发作处理流程

流程	流程说明
监控 ↓	醉酒者或精神病人失去正常的理智，处于不能自控的状态下，易对自身或其他人员造成伤害，保安员一旦发现，应立即对其采取监控措施。
通知 ↓	立即通知醉酒者或精神病人的家属，让他们派人领回。
上报、处理	若醉酒者或精神病人有危害社会公共秩序的行为，可上报主管将其强制送到派出所处理。

流程04：执勤中发现爆炸物及可疑爆炸物等危险物品处理流程

执勤中若发现爆炸物及可疑爆炸物等危险物品处理流程如下表所示。

执勤中发现爆炸物及可疑爆炸物等危险物品处理流程

流程	流程说明
报告主管 ↓	保安员发现或收到各类可疑物品时，要立即向上级主管及物业经理报告，并留守现场，阻止任何人靠近可疑物品。
疏散 ↓	上级主管立即组织相关人员赶到现场，了解情况，如初步确认可疑物品为危险物品时，应立即对附近区域的人员进行疏散，并设置临时警戒线，任何人员不得擅自入内。

（续表）

流程	流程说明
↓ 报告公安机关	立即向公安机关报案，待公安人员到现场后，协助公安人员消除爆炸危险隐患，并进行调查。
↓ 协助抢救	如果危险已经发生，保安员要立即赶到现场协助抢救，运转伤员，稳定人员情绪，保护好现场，安置疏散人员。
↓ 记录、存档	记录事件发生和处理过程，并存档。

流程05：执勤中接报刑事案件处理流程

执勤中接报刑事案件处理流程如下表所示。

执勤中接报刑事案件处理流程

流程	流程说明
保护现场	接报保安员首先要问清报案单位、报案人姓名，并要求在场人员不得动用现场的任何物品，做好现场保护。
↓ 报告主管	将报案情况向上级主管及物业经理通报。
↓ 抢救	对焚尸、焚物现场要迅速组织人员扑救，并最大限度地将现场保护完好。
↓ 报警	向当地公安机关报警。
↓ 保护现场	保安员报警后要对现场进行保护，劝阻、疏散围观人员，对现场及外围人员进行观察，并记录在心。
↓ 协助公安机关	在向公安机关报案时将受伤人员的伤势一并进行通报，必要时送往医院救治。向公安机关介绍情况，并协助破案。
↓ 记录存档	准确记录事件发生和处理过程，并存档。

流程06：执勤中发现水浸（跑、冒、漏）处理流程

执勤中若发现水浸（跑、冒、漏）处理流程如下表所示。

执勤中发现水浸（跑、冒、漏）处理流程

流程	流程说明
通知	保安员在执勤中发现或接报水浸（跑、冒、漏）时，立即通知上级主管，并采取相应措施。
↓ 安排维修	保安员发现或接报后，通知维修部相关人员赶到现场。
↓ 现场处理	（1）维修人员到现场后立即控制水源，防止受灾范围扩大，进行设备修理。 （2）保洁人员清洁水灾影响的区域。
↓ 汇报	将具体处理情况汇报物业经理。
↓ 记录存档	将事件处理过程记录下来，并存档。

流程07：执勤中发现爆水管及水箱过满处理流程

执勤中若发现爆水管及水箱过满处理流程如下表所示。

执勤中发现爆水管及水箱过满处理流程

流程	流程说明
检查	保安员执勤中发现爆水管及水箱过满时，要检查漏水的准确位置及所属水质，如冲厕水、工业用水或排污水等；并在许可的范围内，立即设法制止漏水，如关上水龙头或水阀门等；同时观察四周环境，看漏水是否影响各项设施，如变压器房、电梯、电线槽等。
↓ 通报 ↓	若不能制止应立即通知工程部人员、上级主管及监控中心寻求支援。在支援人员到达前须尽量控制现场，防止事故范围扩散。

（续表）

流程	流程说明
现场处理	（1）工程人员赶到现场后可以利用沙包或可用的物件堆箱，防止漏水渗入电梯等设备，并须将电梯立即升上最高楼层，避免水浸湿导致机件受损。 （2）利用现有设备工具，设法清理现场。 （3）如漏水可能影响日常操作、保养及申报保险金等问题时，须拍照片以作日后存档及证明。
↓ 清理	通知保洁员清理现场积水，检查受影响范围，通知受影响业户。
↓ 记录存档	对事件的处理过程做好记录，并存档。

流程08：电梯困人处理流程

电梯困人处理流程如下表所示。

电梯困人处理流程

流程	流程说明
了解情况	若有乘客被困在电梯内，如有闭路电视及对讲机，则监控中心须把电视镜头移至困人的电梯以观察电梯内的活动情况，详细询问被困者有关情况并通知工程人员到电梯门外，保持密切联系。
↓ 通知	（1）立即通知工程人员，必要时通知电梯保养公司维修站派人解救被困者及修理该电梯，在打电话时必须询问对方姓名并告知有人被困。 （2）被困者内如有小孩、老人、孕妇或人多供氧不足时，须特别留意，必要时请求消防人员协助。
↓ 关怀	（1）被困者救出后，须询问其是否有不适，是否需要帮助等。 （2）如其需要帮助，应积极为其提供帮助。
↓ 记录存档	如实记录事件发生的经过，并存档。

流程09：防盗、报警系统误报或误操作处理流程

防盗、报警系统误报或误操作处理流程如下表所示。

防盗、报警系统误报或误操作处理流程

流程	流程说明
通知	监控中心接到报警信号，立即通知离报警点最近的巡逻保安员前往确认。
联系	受调遣的保安员一方面速往报警业户家查询情况，另一方面用对讲机与上级主管联系。
查实	经查实为误报、误操作造成报警的，由上级主管向业户讲解有关智能设施的正确使用方法，以防止今后再发生类似事件。
记录存档	如实记录事件发生的经过，并存档。

流程10：收到煤气等易燃气体泄漏报告处理流程

收到煤气等易燃气体泄漏报告处理流程如下表所示。

收到煤气等易燃气体泄漏报告处理流程

流程	流程说明
通知主管	当保安员收到可疑泄漏易燃气体报告时，应立即通知主管，并尽快赶到现场查看情况。
现场处理	（1）抵达现场后，要谨慎行事，不可开灯、开风扇及任何电器，必须立即打开所有窗门，关闭煤气或天然气开关；严禁在现场吸烟。 （2）通知所有人员离开现场。当有关人员到场检查时，劝阻围观人员撤离现场。 （3）如发现有受伤不适者，应小心妥善处理，等待救护人员及派出所人员抵达现场。 （4）保安员在平时巡逻时应提高警惕，闻到不寻常气体味道时，应小心处理。对煤气及天然气总阀门的位置和开关方法应了解和掌握。
记录存档	将详细情况记录下来，并存档。

流程11：台风侵袭处理流程

台风是一种灾难性天气，在登陆前会带来强风暴和阵雨，登陆后风力会迅速减弱但有长时间的暴雨。台风造成的后果通常是：停电、停水、城市大面积积水，树木、电线杆、广告牌倾倒，交通受阻，杂物横飞，建筑物受损，人员伤亡。处于台风侵袭比较严重的沿海地区，必须制定台风侵袭应急处理流程，如下表所示。

台风侵袭处理流程

流程	流程说明
巡查 ↓	保安员对辖区易受台风侵袭的部位进行全面巡查，发现有可能被台风刮倒的设备和物品，及时进行处理；不能处理的立刻报工程部派人进行处理。
物资准备 ↓	物业公司各部门准备手电筒和其他必备应急物资。
人员准备 ↓	保安部成立后备队，在台风增强时随时准备出动。
现场处理 ↓	台风转变成烈风、暴风时，出动后备队，加强对辖区范围的巡查，密切注意各重点部位的防范工作。辖区其他部门也应成立后备队，一旦发生不测，随时出动抢险。
灾后处理 ↓	（1）清理台风造成的残余杂物。 （2）查明辖区财产损失和有无人员伤亡情况。 （3）修复台风毁坏的建筑物和其他设施。
记录存档	对台风的处理流程如实记录，并存档。

流程12：高空抛物处理流程

高空抛物现象曾被称为“悬挂城市上空的痛”，威胁着人们的“头顶安全”，也是物业公司安全管理中必须时刻注意的事项。一旦发生高空抛物，其处理流程如下表所示。

高空抛物处理流程

流程	流程说明
寻找违规者 ↓	物业公司任何员工发现高空抛物，应立即派人进行调查，设法寻找违规者。

（续表）

流程	流程说明
处理	（1）如有必要可向违规者发出警告，并报告公安机关。 （2）如果未能找出违规者，在有必要时通知所有业户，并指出该行为的严重性。
异常处理	如高空抛物导致有人受伤，现场应： （1）急召救护车及通知公安机关。 （2）协助照顾伤者。 （3）设法寻找违规者或证人。 （4）封锁现场，等待公安人员到场。 （5）记录一切有关资料在“物业日常管理记录簿”内。 （6）报告物业公司经理并呈交书面报告。
记录存档	对高空抛物的情况进行拍照，记录事件处理经过，并存档。

流程13：辖区内无人受伤交通事故处理流程

辖区内无人受伤交通事故处理流程如下表所示。

辖区内无人受伤交通事故处理流程

流程	流程说明
到达现场	接到事故报告后，保安员要第一时间赶到现场。
维持秩序	维持秩序，使现场交通恢复畅顺。
现场处理	（1）如建筑、设施受损可能危及他人，应将该范围封锁。 （2）如有必要，通知物业维修人员到场采取行动。 （3）如有必要，张贴警告标志。
记录存档	对现场情况拍照以作记录，对事故详细记录，并存档。

流程14：辖区内有人受伤交通事故处理流程

辖区内发生有人受伤交通事故处理流程如下表所示。

辖区内有人受伤交通事故处理流程

流程	流程说明
指挥交通	辖区内发生有人受伤交通事故时，现场保安员要指挥交通，给予尾随车辆警告。
↓ 救助伤者	（1）在适当情况下将伤者移离危险位置。 （2）拨打“120”，通知救护车前来救护。
↓ 报警	（1）致电“110”报警，报警时要向公安机关说明现场情况。 （2）警察赶到现场后，要配合其做好相关工作，提供必要的帮助。
↓ 记录	记录事故发生和处理经过，并存档。

流程15：触电事故处理流程

触电事故处理流程如下表所示。

触电事故处理流程

流程	流程说明
发现触电人员	发现触电情况，马上赶到现场。
↓ 截断电源 ↓	（1）截断电源，关上插座上的开关或拔除插头。如果够不着插座开关，关上总开关。 （2）若无法截断电源，可站在绝缘物体上，诸如凳子、木梯、木箱之类，用扫帚或木椅等物件把伤者拨离电源。切勿用潮湿的工具或金属物质把伤者拨开。 （3）如附近找不到电源，要找绝缘的东西（如竹竿）将线头挑开，切忌在关掉电源之前用人体接触触电者，防止自己触电。

（续表）

流程	流程说明
↓ 救助伤者	（1）若伤者昏迷，将其身体放置成平卧状态。 （2）立即采用口对口人工呼吸法和心脏按压法对触电者采取急救，过程中注意保护，防止触电者摔伤。 （3）若伤者昏迷、身体烧伤，或感到不适，必须立即用对讲机或示意他人向领导汇报，以便电告医院急救病人，或立即将伤者送往医院急救。
↓ 记录存档	如实记录事件的处理经过，并存档。

第二章　消防安全管理流程

消防安全是物业小区中安全管理的重要内容之一。消防安全管理的目的，就在于预防火灾的发生，最大限度减少火灾损失，为业户的工作、生活提供安全环境。规范化的流程有利于消防安全工作的开展。

第一节　常规消防安全管理流程

常规性的消防安全管理工作中包括消防器材的使用、维护、保养，以及接到报警的处理等，为使各项业务有序进行，须制定规范的流程，确定流程中每一步骤的工作要求。

流程01：手提式泡沫灭火器使用流程

手提式泡沫灭火器使用流程如下表所示。

手提式泡沫灭火器使用流程

流程	流程说明
拉开提环 ↓	手提筒体上部的提环，迅速奔赴火场。这时应注意不得使灭火器过分倾斜，更不可横拿或颠倒，以免两种药剂混合而提前喷出。
准备 ↓	当距离着火点10米左右，即可将筒体颠倒过来，一只手紧握提环，另一只手扶住筒体的底圈，将射流对准燃烧物。
喷射 ↓	（1）在扑救可燃液体火灾时，如已呈流淌状燃烧，则将泡沫由远而近喷射，使泡沫完全覆盖在燃烧液面上；如在容器内燃烧，应将泡沫射向容器的内壁，使泡沫沿着内壁流淌，逐步覆盖着火液面。 （2）切忌直接对准液面喷射，以免由于射流的冲击，反而将燃烧的液体冲散或冲出容器，扩大燃烧范围。 （3）在扑救固体物质火灾时，应将射流对准燃烧最猛烈处。灭火时随着有效喷射距离的缩短，使用者应逐渐向燃烧区靠近，并始终将泡沫喷在燃烧物上，直到扑灭。

（续表）

流程	流程说明
↓ 保持倒置	使用时，灭火器应始终保持倒置状态，否则会中断喷射。

流程02：推车式泡沫灭火器使用流程

推车式泡沫灭火器使用流程如下表所示。

推车式泡沫灭火器使用流程

流程	流程说明
推到火场 ↓	使用时，一般由两人操作，先将灭火器迅速推拉到火场。
喷射 ↓	在距离着火点10米左右处停下，由一人施放喷射软管后，双手紧握喷枪并对准燃烧处；另一人则先逆时针方向转动手轮，将螺杆升到最高位置，使瓶盖开足，然后将筒体向后倾倒，使拉杆触地，并将阀门手柄旋转90度，即可喷射泡沫进行灭火。
保持稳定	要始终保持推车稳定，避免翻倒。

流程03：消防控制中心交接班流程

消防控制中心交接班流程如下表所示。

消防控制中心交接班流程

流程	流程说明
听取报告 ↓	接班人员认真听取交班人对设备运作情况的报告。
查看报告 ↓	接班人员查看上一班“消防控制中心值班记录”情况。
检查 ↓	检查设备显示情况是否正常，钥匙及工具用具是否齐全、完好。

（续表）

流程	流程说明
↓ 不准交接班的情况	（1）上一班运行状况未交代清楚、记录不清楚、值班室不清洁、工具用具不齐未登记说明。 （2）接班人员未到岗接班，交班人员不准下班。 （3）接班人员有特殊情况而未能找到代班人时。 （4）严禁在处理故障过程中交接班，若在交接班时突然发生故障，应停止交接，由交班人员负责处理，接班人员协助。
↓ 签字	检查无误，在“消防控制中心值班记录”上签名。

流程04：灭火器的检查流程

灭火器的检查流程如下表所示。

灭火器的检查流程

流程	流程说明
检查环境	（1）检查灭火器是否摆放在阴凉、干燥便于取用的位置，不得受到烈日的暴晒，不得接近热源或受剧烈震动。 （2）灭火器材周围2米内不得堆放杂物。
↓ 检查瓶体	检查灭火器的瓶体、保险销是否完好无损，器材是否干净，灭火器药液是否减少、被动用过。
↓ 检查部件	（1）检查喷筒是否畅通（如堵塞要及时疏通）。 （2）压力表指针是否在绿色区域（如在红色区域要检查原因，检查后要及时灌装）。 （3）检查零部件是否完整（有无松动、变形、锈蚀、损坏）。 （4）检查可见部位防腐层是否完好（轻度脱落要及时补好，明显腐蚀应送专业部门维修及进行耐压试验）。
↓ 异常处理 ↓	发现灭火器瓶体、各部位有损坏等异常情况，要及时处理。

（续表）

流程	流程说明
↓ 记录存档	对检查工作做好记录，并存档。

流程05：消火栓的检查流程

消火栓的检查流程如下表所示。

消火栓的检查流程

流程	流程说明
检查频次 ↓	消火栓至少每月逐个检查一次。
栓外检查 ↓	检查栓门关闭是否良好，锁、玻璃有无损坏，栓门封条是否完好。
栓体检查 ↓	（1）检查箱内元件是否良好，有无脱落，栓内水龙头有无渗漏。 （2）开栓门取出水带，仔细检查有无破损，如有，应立即修补或替换。 （3）检查水带有无发黑、发霉，如有，应取出刷净、晾干。 （4）将水带交换摺边或翻动一次。 （5）检查水枪、水带接头连接是否方便牢固、有无缺损，如有，立即修复，然后擦净在栓内放好。 （6）检查接口垫圈是否完好无缺，替换阀门老化的皮垫。
抽样测试 ↓	随机抽取消火栓总数的10%测试，按消火栓报警按钮，监控中心应有正确的报警显示。
清理 ↓	检查修整全部支架，掉漆部位应重新补刷。将箱内清扫干净，部件存放整齐后，锁上栓门，贴上封条。
记录存档	对检查工作做好记录，并存档。

流程06：消火栓的日常维护保养流程

消火栓的日常维护保养流程如下表所示。

消火栓的日常维护保养流程

流程	流程说明
箱体检查 ↓	（1）检查消火栓是否完好，有无生锈现象。 （2）检查接口垫圈是否完整无缺。
放水检查 ↓	进行放水检查，以确保火灾发生时能及时打开放水。
维护保养 ↓	针对检查中发现的问题进行维护保养。
灭火后保存 ↓	灭火后，要把水带洗净晾干，按盘卷或折叠方式放入箱内，在把水枪卡在枪夹内，关好箱门。
润滑 ↓	消火栓阀门上应加注润滑油。
记录存档	对维护保养工作做好记录，并存档。

流程07：消防安全检查与隐患整改流程

消防安全检查与隐患整改流程如下表所示。

消防安全检查与隐患整改流程

流程	流程说明
检查消防系统 ↓	（1）消防管理人员应检查消防报警、探测器（温感、烟感）等消防设施，发现问题应及时报工程部进行维修。 （2）定期检查一次灭火器，及时补充药剂并充气；对放置在强光或高温地方的，应马上移位。 （3）每天都应检查防火安全门的状态是否完好，检查安全消防通道是否畅通，如发现杂物或影响畅通的任何物件，应立即采取措施清除。

（续表）

流程	流程说明
发现隐患	在检查过程中如发现一些消防隐患，应准确核查。
整改隐患	针对隐患的具体问题，采取相适应的整改措施。
复查	隐患整改完毕后，检查负责人应组织人员对火险隐患进行复查，并记录复查结果。
记录存档	对检查和隐患整改工作做好记录，并存档。

流程08：监控中心接报火警处理流程

监控中心接报火警处理流程如下表所示。

监控中心接报火警处理流程

流程	流程说明
查看	监控中心接到火警后立即通知离报警区域最近岗位的保安员进行查看。
处理	发现情况严重时应立即拨打“119”报警电话，同时报告区域主管。
扑救	（1）联络各岗位人员，组织进行扑救。 （2）如果是火警部门前来灭火，应协助其做好灭火工作。
监视扑灭状况	（1）密切监视报警地点情况，随时报告。 （2）如果火势增大，应及时组织人员增援。
记录存档	对灭火过程做好记录，并存档。

流程09：消防报警信号处理流程

消防报警信号处理流程如下表所示。

消防报警信号处理流程

流程	流程说明
查明位置	监控中心当班保安员收到消防报警信号报警时，要迅速查明报警位置。
通报	监控中心立即用对讲机或其他通信设备通知离报警区域最近岗位的巡逻保安员即时到现场核实具体情况，讲清报警地点。
赶到现场	巡逻保安员接到监控中心当班保安员呼叫后，要以最快速度赶到报警地点核实，要仔细观察报警地点的每个角落，将现场情况准确明白地回报监控中心。
误报处理	经现场检查确认属误报的，即时通知监控中心当班保安员复位；若报警地点在办公室、业户室内等场所，进入检查时，需向业户解释清楚，致歉后方能离开。
确认火警	经现场检查确认为火警后，按初期火警处理流程处理。处理完毕后将信号复位，并做好记录。

流程10：火灾现场扑救流程

火灾现场扑救流程如下表所示。

火灾现场扑救流程

流程	流程说明
赶到现场	消防负责人带领消防人员携带灭火器以最快速度到达火警现场。
灭火	（1）消防负责人立即指挥在场人员进行灭火扑救。 （2）坚守火场，控制火势，等待专业消防队的到达。

（续表）

流程	流程说明
疏散	指挥火警现场及可能受影响的范围内的人员使用消防通道疏散。
火情解除处理	（1）火情解除后，会同消防主管机关，认真勘查现场，收集情况，查明事故原因。 （2）组织有关部门认真总结教训。 （3）记录火警（火险、火灾）全过程，并存档。

流程11：火灾现场人员疏散流程

火灾现场人员疏散流程如下表所示。

火灾现场人员疏散流程

流程	流程说明
明确分工	在物业公司消防负责人的具体组织下，把引、送、查、接的具体任务落实到参加灭火的消防人员头上。
疏散顺序	疏散时，要先从着火间、着火层以上各层开始，其后才是着火层以下。同时，要做好安抚工作，青壮年可自行通过安全消防楼梯疏散，行动不便的可护送其从消防电梯疏散。
疏散措施	（1）对神志清醒的人员，可指定通道或由义务消防人员引导他们迅速离开危险区域。 （2）对在烟雾中迷失方向的人员要引导他们撤出，必要时派义务消防人员护送。对惊慌失措或固执不走的人员，还要做好情绪稳定和说服动员工作。 （3）对于被火烧、烟熏而失去知觉的人员或不能行走的老人、儿童以及伤、病、残人员，要采取背、扛、抬、抱等办法将其救出火场，必要时可连人带床一起抬走。
鼓励自救	对于被困在着火层的人员，应通过广播、室内电话、音响等，鼓励其增强自救信心，就地取材。

第二节　消防培训与演习管理流程

消防培训、演习非常重要，做好宣传、培训，让员工、业户充分地了解消防安全、学会常规的消防知识，才有可能做到消防安全有保障。所以，这应成为物业公司常年开展的工作。

流程01：对业户开展消防培训的流程

对业户开展消防培训如下表所示。

对业户开展消防培训的流程

流程	流程说明
宣导	物业公司应通过广播、墙报、警示牌等多种形式，向业户宣传消防知识，营造消防安全、人人有责的良好氛围。
↓ 准备培训资料	准备培训资料，如消防培训手册、宣传画、演示片等。
↓ 通知	培训之前可向业户发放通知，以便其合理地安排好时间。
↓ 培训	（1）培训工作应由消防管理负责人亲自主持。 （2）培训内容为：消防管理有关法律法规、防火知识、灭火知识、火场的自救和救人、常用灭火器的使用与管理、公司所制定的“消防管理公约”、“消防管理规定”、“业户安全责任书”、“安全用电、用水、管道燃气管理规定”、“消防电梯使用规定”等。
↓ 现场演练	组织业户进行现场消防演练，使其掌握具体方法。
↓ 培训考核	培训结束后，应组织参加人员考核。
↓ 记录存档	在组织各位业户参加消防培训时，一定要做好相关记录，以显示消防培训的严肃性，并存档。

流程02：对员工开展消防培训的流程

对员工开展消防培训的流程如下表所示。

对员工开展消防培训的流程

流程	流程说明
制订培训计划 ↓	计划是行动的前提，因此必须有针对性地做好消防培训计划。
选定授课人 ↓	明确授课人，由人力资源部指派，多为消防管理负责人或当地消防管理部门的主管人员。
确定地点与实践 ↓	选择授课地点，确定授课时间。
明确培训内容 ↓	明确授课内容：防火知识、灭火常识、火场的自救与救人、灭火的基本方法与原则。
培训考核 ↓	培训结束后，应组织参加人员进行考核。
记录存档	必须做好相关培训记录，并存档，以作为员工日后绩效考核的重要依据。

流程03：消防演习的流程

消防演习的流程如下表所示。

消防演习的流程

流程	流程说明
后勤保障 ↓	安排公司保洁人员负责消防后勤保障，主要负责演练结束后的场地清扫工作。
人员疏散 ↓	在消防演习过程中组织安排人员有序进行疏散，防止拥挤及安全隐患的发生，使人员在规定时间内撤离火场。

（续表）

流程	流程说明
↓ 组织灭火、安全警戒	由保安员负责组织灭火，并做好现场安全警戒工作。
↓ 物资抢救	对一些重要物资及危险品应及时进行抢救，以免造成更大的损失。对火场范围内进行断电，保障供水。
↓ 总结消防演习的效果	每次消防演习结束后，区域主管应总结演习效果和经验教训；同时收集各方面对演习的反馈意见；将以上两份总结书报区域经理审阅后存档。

第三章　物业服务管理流程

物业公司履行着服务的各项义务，一言一行，影响着业主或客户的认知，决定着物业服务质量的优劣和成败。服务流程的规范化则会使工作人员的服务更周全详尽、更尽善尽美。当然，服务流程设计一定要切中要害，分工要清晰明确，具有很强的实用性和针对性。

第一节　日常服务管理流程

客服中心的日常服务包括电话接听、业户来访接待、业户咨询处理、入住手续办理等，为使各项服务有序进行，须制定规范的流程，确定流程中每一步骤的工作要求。

流程01：电话接听流程

电话接听流程如下表所示。

电话接听流程

流程	流程说明
拿起话筒 ↓	（1）客户服务人员接听电话以前必须准备好记录用的纸和笔，同时迅速调整情绪，保持一个愉悦的心情。 （2）电话铃响三声以前必须接听；因特别原因超过三次之后才接听电话，应马上致歉："对不起，让您久等了！"
自报身份 ↓	客户服务人员要自报身份，如"您好，××客户服务中心，有什么可以帮到您吗？（请问您有什么事？）"加强对这一句话的语感训练，使声音听起来自然、流畅、清晰、柔和、富于感情。
交谈 ↓	（1）当听清业户打电话的目的后，要准确迅速地判断业户电话内容是属于哪一方面的。 （2）在回答业户的问题前，要及时询问业户姓名："请问您贵姓？"并马上称呼业户的姓氏："您好，陈先生……" （3）熟练掌握与客户服务有关的内容，娴熟地同业户交流。

（续表）

流程	流程说明
记录	（1）如果是属于投诉、建议、请修、不能马上回答的咨询，要记录好对方的姓名、要求等。 （2）如果是找同事，应回复：“这里是客户服务中心，请您拨打××××××这个号码可以找到××先生。” （3）如果自己的朋友或亲属在上班时间打电话找自己，要迅速拒绝，表示上班时间不便电话联系。
结束交谈	（1）重复你所记录的内容，并获得对方的确认。 （2）让对方放心：“我会尽快处理、我会尽快把这件事向上级汇报……” （3）收线：“祝您周末愉快（祝您节日快乐……），再见。”

流程02：业户来访接待流程

业户来访接待流程如下表所示。

业户来访接待流程

流程	流程说明
业户上门	业户进门时应主动向其打招呼，开门时先问候说：“您好／早上好／新年好。”不得毫无反应或语气冷淡。
安排就座	应热情、礼貌招呼业户坐下，不得自己坐着而让业户站着与其交谈。
请业户说明来意	（1）如业户没有先开口说话，应主动问：“请问有什么可以帮您的吗？／请问您有什么事？／请问您找哪位？” （2）如手头有重要工作必须先完成，应说：“对不起，请稍等。”然后迅速处理好手头上事务后接待业户。
送客	业户离开时，客服人员应主动起身送至门口，并说：“再见／您慢走／欢迎再来。”

流程03：引导业户会见上级领导流程

引导业户会见上级领导流程如下表所示。

引导业户会见上级领导流程

流程	流程说明
引导 ↓	在引导业户去领导办公室的路途中，工作人员要走在业户左前方数步远的位置，忌把背影留给业户。
介绍 ↓	在陪同业户去见领导的这段时间内，不要只顾闷头走路，可以随机讲一些得体的话或介绍一下本物业的大概情况。
敲门 ↓	在进领导办公室之前，要先轻轻叩门，得到允许后方可进入，切不可贸然闯入，叩门时应用手指关节轻叩，不可用力拍打。
引见	进入房间后，应先向领导点头致意，再把业户介绍给领导，介绍时要注意措辞，应用手示意，但不可用手指指着对方。

流程04：业户咨询处理流程

业户咨询处理流程如下表所示。

业户咨询处理流程

流程	流程说明
业户来到 ↓	客户服务人员要向业户表示欢迎，主动提供帮助："您好，请问有什么可以帮您的吗？"并请业户就座。
交谈 ↓	（1）客户服务人员要认真倾听业户的咨询事项，及时予以解答，解答时应面带微笑。 （2）遇到自己不了解的事项，应及时向同事请教。 （3）在回答业户问题过程中，要边听边记录，同时娴熟地同业户交流。

（续表）

流程	流程说明
↓ 记录	对于一时无法解答的问题，要及时记录下来，并与业户确认，并表示公司将及时解决。
↓ 送客	业户离开时，客服人员应主动起身送至门口，并说：“再见/您慢走/欢迎再来。”

流程05：客户服务人员交接班流程

客户服务人员交接班流程如下表所示。

客户服务人员交接班流程

流程	流程说明
提前到岗	接班人员提前10分钟到客户服务中心进行岗位交接工作。
↓ 清点公物	接班人员清点岗位上所有公物，如：对讲机、电话机、电脑等，如发现缺损立即要求交班人员说明物品去向并做好记录。
↓ 查阅	认真查阅上一班值班记录，询问上一班工作完成情况。如有需要继续跟进的工作，应做好记录以便跟进。
↓ 检查	检查该区域有无异常情况。如有则要求交班人立即作出解释，并做好记录。
↓ 签名	交接双方在确认无误后，在上一班值班记录本上签名，开始工作。

流程06：入住手续办理流程

入住手续办理流程如下表所示。

入住手续办理流程

流程	流程说明
验证	查验住户提供的入住通知书、购房合同、身份证原件（复印件留底）、委托书；发放入住资料，指导填写事项，并在业主的入住手续书上签名确认。
签约	回收业主填好的《前期物业管理合同》、《业主公约》、《业主信息登记表》、《消防安全责任书》，与业主共同签署《业主公约》、《住户手册》，在入住手续书上签字并注明其入住日期。
收费	凭已签字的入住手续书收取相关费用，并收回入住通知单；在入住手续书上签字确认。
发钥匙	凭交费收据，发放钥匙，让业主在《钥匙发放登记表》上签收。
验楼	验楼人员协同验收房屋，抄水、电表底数，填写《验收楼宇登记表》，记录业主的维修要求，约定维修时间。

流程07：向新业户介绍物业公司的服务管理流程

向新业户介绍物业公司的服务管理流程如下表所示。

向新业户介绍物业公司的服务管理流程

流程	流程说明
介绍基本制度	物业管理人员应详细解释物业公司各项基本规章制度（包括：新业户室内装修规定、大件物品放行规定、管理费收缴规定、非办公时间出入登记规定等）及各种表格（如物品放行条）的使用方法。
介绍日常服务	向新业户详细介绍物业公司日常提供的服务内容，如免费清洁服务、手推车借用服务、雨伞借用服务、会议室租用服务等。
介绍新业户特殊服务	根据物业公司的情况，介绍新业户可享有的特惠服务，如免费一次室内大扫除服务，免费专梯搬运家具，免费清洗室内盘管风机尘网等。

第二节　投诉处理流程

客户投诉必须有效地处理。投诉处理是一个过程，当中有许多环节，如投诉原因的分析、投诉的接待、投诉的回访、投诉统计与分析等，每一个环节的事项都有其业务处理流程。

流程01：投诉原因分析流程

投诉原因分析流程如下表所示。

投诉原因分析流程

流程	流程说明
收集投诉内容 ↓	（1）对设备设施方面的投诉，如设备损坏，不能正常运行等。 （2）管理服务方面的投诉，如客户服务人员态度恶劣等。 （3）对突发事件方面的投诉。
分析投诉动机 ↓	（1）职业投诉者：这些人不间断地以不同的理由进行投诉，希望能获得经济上的收益或补偿。 （2）问题投诉者：许多业户对所出现的问题感到不满，但不想小题大做，就提出意见。 （3）潜在投诉者：此类投诉者只有在被“逼上梁山”时才会转为问题投诉者。
分析投诉心态 ↓	（1）求尊重，他们力图通过投诉向物业公司提示：你要关注我、尊重我、要不折不扣地为我办事等。 （2）求发泄，即通过投诉发泄心中的不满。 （3）求补偿，即想通过投诉求得一定的补偿。
投诉分析记录	客服人员将各种分析如实记录下来，以作为应对投诉的依据。

流程02：投诉接待流程

投诉接待流程如下表所示。

投诉接待流程

流程	流程说明
业户来到 ↓	业户到来后，热情礼貌地向其打招呼，请其入座。

（续表）

流程	流程说明
↓ 认真倾听	（1）认真倾听业户投诉，同时面带微笑。 （2）倾听时，做好记录。
↓ 解答	（1）对业户投诉的问题，客户服务人员及时予以解答。 （2）无法解答时，应向业户表示歉意，同时表示将安排人员解决问题。
↓ 送别	业户投诉完毕离开时，客服人员应主动起身送至门口，并说："再见/您慢走/欢迎再来。"

流程03：内部投诉处理流程

内部投诉处理流程如下表所示。

内部投诉处理流程

流程	流程说明
处理	（1）被投诉部门负责人在时效要求内将内容处理完毕。 （2）按"业户投诉意见表"对投诉处理过程做好记录。
↓ 投送	被投诉部门在投诉处理完毕的当天将"业户投诉意见表"交到客户服务中心。接待员收到处理完毕的"业户投诉意见表"后，应在"投诉处置记录表"上记录。
↓ 通报	客户服务中心接待员收到被投诉部门投诉处理的反馈信息后，在当天将处理结果通报给投诉的业户。通报方式可采用电话通知或由巡楼组管理员上门告知。
↓ 记录存档	客服人员对整个处理流程做好记录，并存档。

流程04：投诉回访流程

投诉回访流程如下表所示。

投诉回访流程

流程	流程说明
预约	客户服务人员应提前与业户预约，以便能够顺利回访。
↓上门	（1）按约定的时间上门，会见业户。 （2）为投诉的问题向业户表示歉意。
↓交谈	（1）交谈时应虚心听取意见，诚恳接受批评，采纳合理化建议，做好回访记录。回访记录指定专人负责保管。 （2）交谈中，如对业户的问题不能当即答复，应告知预约时间回复。
↓记录	（1）回访后对业户反馈的意见、要求、建议、投诉，应及时整理，快速作出反应，妥善解决，重大问题向上级部门请示解决。 （2）对业户反映的问题，要做到件件有着落、事事有回音，回访处理率100%，投诉率力争控制在1%以下。
↓总结	客服人员根据回访内容，做好总结工作，找出问题所在，尽力解决。

流程05：投诉统计与分析流程

投诉统计与分析流程如下表所示。

投诉统计与分析流程

流程	流程说明
统计	定期统计投诉情况，查阅投诉相关报表。
↓整理	（1）按投诉的类别等因素对其进行分类、整理。 （2）对无法进行分类的投诉单独整理。
↓分析记录	（1）根据不同类别的投诉内容进行分析，分析时要考虑到物业公司的具体情况。 （2）分析后客服人员要做好记录，以便用于改善服务。

第四章　物业工程管理流程

物业工程管理的根本目标是管好、用好、修好、改造好现有设备，使物业设施设备经常处于良好状态中，不断提高设施设备的利用率及完好率，而规范化的业务管理流程有助于达到这一目标。

第一节　房屋修缮管理流程

房屋修缮是指房屋从建成到报废的整个使用过程中，对房屋所进行的查勘、设计、维修、更新等修葺活动，以及实行技术、施工、设备各项管理的总称。物业公司应就每项活动都制定规范化的流程。

流程01：房屋修缮申请审批流程

房屋修缮申请审批流程如下表所示。

房屋修缮申请审批流程

流程	流程说明
发现问题	工程部人员在巡查过程中发现房屋存在问题，应认真检查做好记录。
↓ 申请	对需要修缮的房屋提出修缮申请，申请时应填写相关表格，表格填制时必须清晰无误。
↓ 审批	工程部负责人接到申请，应认真审核，如需修缮，应及时批准，如认为无需修缮，则不予批准。
↓ 记录存档	负责人对相关的申请文件资料进行记录，并存档。

流程02：危房修缮流程

危房修缮流程如下表所示。

危房修缮流程

流程	流程说明
发现危房 ↓	工程部人员在日常巡查过程中要及时发现危房，并及时记录，以便进行相应处理。
确认危房 ↓	应请政府相关认证部门确认危房，并出具相关报告。
修缮 ↓	对确认的危房，必须加以修缮。工程部可以自行修缮的应自行修缮，如不能修缮的，应聘请外部施工队进行修缮。
检查 ↓	工程部主管应对修缮结果进行检查，以确保修缮成功。
记录存档	应对修缮工作的过程做好记录，并存档。

流程03：房屋日常养护流程

房屋日常养护流程如下表所示。

房屋日常养护流程

流程	流程说明
走访查房 ↓	走访查房是工程部管理员定期对辖区内业户进行走访，并在走访中查看房屋，主动收集业户对房屋修缮的具体要求，发现业户尚未提出或忽略的房屋险情及公用部位的损坏。为了提高走访查房的实际作用，应建立走访查房手册。
编制养护计划 ↓	通过走访查房等方式收集到的修缮服务项目，除室内照明、给水、排污等部位发生的故障及房屋险情等应及时解决外，其余修缮服务项目，均由工程管理人员统一收集，逐一落实。其中属于小修养护范围的项目，应按轻重缓急和劳动力情况，于月底前编制次月的小修养护计划表，并按计划组织实施。

（续表）

流程	流程说明
任务落实	（1）工程部管理员根据房屋养护计划表和随时发生的急修项目，开列小修养护单，维护人员凭养护单领取材料，根据养护单开列的工程地点、项目内容进行施工。 （2）在施工中，工程部管理人员应每天到施工现场，解决施工中出现的问题，检查当天任务完成情况，安排次日零修养护工作。
↓ 记录存档	工程部管理人员对每一次的检查情况都应进行记录，并存档。

第二节　设施设备管理流程

住宅小区(大厦)人员相对集中、各种设备多，通常是24小时运行，工程部人员随时要处理各种设备出现的故障，这就增加了设备管理的难度。为了更好地做好管理工作，必须有规范的流程来约束。

流程01：设施设备维修流程

设施设备维修流程如下表所示。

设施设备维修流程

流程	流程说明
接收维修通知	工程部维修人员从客户服务中心接“维修单”或按口头通知接获维修内容。
↓ 预约维修时间	由客户服务中心或工程部维修人员预约大致上门维修服务的时间；非特殊情况不得超过预约时间10分钟，特殊情况须与业户沟通并取得同意。
↓ 上门维修 ↓	（1）工程部经理根据报修内容，安排维修人员的工作。维修人员安排应以本项专长和上门快捷为原则。 （2）维修人员到达现场后，对报修项目进行确认，并向业户告之收费标准，业户同意后才能开始维修。

（续表）

流程	流程说明
↓ 维修完毕	维修工作完成后，维修人员应清整工作现场，检查试用。按《维修项目收费标准》，在“维修单”上注明各项费用金额，并请业户签名认可。
↓ 统计分析	月底对维修内容进行统计，填写“工程部有偿服务登记表”，并对维修内容进行抽查回访，统计维修及时率与合格率。

流程02：设施设备运行管理流程

设施设备运行管理流程如下表所示。

设施设备运行管理流程

流程	流程说明
监控	值班人员每天巡视各类设施设备，按规定的频次进行检查、巡视、监控，并把每次所到巡视点的时间记在“设施设备运行日记”上。
↓ 异常情况处置	（1）发现设施设备存在异常状况时，要及时处理。 （2）自己无法处理的，要及时报上级处理。
↓ 检查	值班人员对处理后的设施设备进行检查，确保运行正常。

流程03：维修回访工作流程

维修回访工作流程如下表所示。

维修回访工作流程

流程	流程说明
选择回访时间 ↓	应选择业户方便的时间进行回访。回访前可提前预约，使业户有所准备。

（续表）

流程	流程说明
↓ 准备资料	应准备好回访工作需要准备的资料，如回访登记表等。
↓ 开展回访工作	（1）按业户约定的时间上门回访。 （2）礼貌地向业户表达物业公司的关心。 （3）询问维修后设施设备的运行情况。 （4）对业户的看法、意见和建议进行记录。 （5）友好地道别。
↓ 统计与分析	客服人员对维修回访的内容进行统计并分析，找出问题所在，及时进行改善。

第五章　物业收费管理流程

物业公司为业户提供了物业服务，自然要收取一定的管理费用，这样才能保证公司的正常运营。在收取管理费的过程中，一定要有规范的流程，使整个工作有章有法、秩序井然。

第一节　物业管理费收取流程

物业收费既包括物业管理费的收缴、追缴，也包括有偿维修服务费、停车场使用费等方面的收取工作。

流程01：物业管理费的收缴流程

物业管理费的收缴流程如下表所示。

物业管理费的收缴流程

流程	流程说明
计算 ↓	（1）月末物业公司/相关部门对次月应收费用进行计算。 （2）月末收费部门对本月欠费进行统计分析，并在月初向相关部门或物业公司提交欠费明细表。
发放收费通知单 ↓	月初物业公司向业户发放收费通知单。
收款 ↓	（1）财务部门按照规定的时间进行收款。 （2）业户也可以亲自上门主动缴纳相关费用。
开立收费单据	对收取的物业管理费应开立相关单据。

流程02：物业管理费追缴流程

物业管理费追缴流程如下表所示。

物业管理费追缴流程

流程	流程说明
判断欠费的原因 ↓	当被欠费时，物业公司的收款人员应立即对业户所提出的各种理由进行判断，分析其拖欠的真实原因和意图。
关注收账状况 ↓	一般来讲，拖欠的时间越长，催收的难度越大，款项收回的可能性越小。因此，物业公司应密切关注应收账款（费用）的回收情况，以避免影响其他业户缴纳相关费用的积极性和广大业主的合法权益。
选择收账策略 ↓	对不同的拖欠时间、不同信用品质的业户的欠款，物业公司应采取不同的收账方法和策略，往往会收到事半功倍的效果。
建立应收账款（费用）坏账制度 ↓	（1）对坏账损失的可能性预先进行估计，建立应收账款（费用）坏账准备制度。 （2）根据业户的财务状况，正确估计应收账款（费用）的坏账风险，选择适当的坏账会计政策。根据现行会计制度规定，只要应收账款（费用）逾期未收回，符合坏账损失的确认标准之一的，物业公司均可采用备抵法进行坏账损失处理。
记录存档	对物业收费追缴过程进行记录并存档。

流程03：停车场收费管理流程

停车场收费管理流程如下表所示。

停车场收费管理流程

流程	流程说明
领票、领卡 ↓	物业公司收款员到财务部领取停车场发票，到工程技术部领取车卡。两部门要将领取情况登记在案。
收款、发票（发卡） ↓	物业公司相关人员根据车位使用情况收款、发票（发卡），按时交接，要求做到票款相符。

（续表）

流程	流程说明
↓ 报账、提交报表	每月要及时报账、提交报表。
↓ 核实、统计分析	核实票款、对收入进行统计。

流程04：有偿服务费的收缴流程

有偿服务费的收缴流程如下表所示。

有偿服务费的收缴流程

流程	流程说明
签字确认	维修部、保洁部、绿化部等各部门的工作人员在为业户提供各项有偿服务时，应根据相关服务的收费标准计费，并请业户对服务项目进行验收，在服务单上签字确认。
↓ 审核	各部门主管应根据业户签字后的服务单对本部门员工计费的项目进行审核，并在部门审核栏内签名确认。
↓ 账单处理	（1）各部门主管应在每月25日前将服务单汇总后交财务部会计。 （2）财务部会计应在两个工作日内根据服务单上的相关记录填写《收费通知单》。 （3）财务部会计应在28日前将《收费通知单》交财务部主管审核，经审核没有疑问的在三个工作日内向业户派发。
↓ 收费	委托银行代收的，出纳员应于银行每次托收后的两日内，到银行抄录收缴数据；以现金方式缴纳的，客服中心收款员要开具收据，并按公司的现金管理作业标准来执行。
↓ 报告	出纳员在规定缴费期限后的三日内，编制《费用收缴明细表》报财务负责人。

第二节　物业维修基金管理流程

物业维修基金是依据有关法规筹集的用于新商品房（包括经济适用住房）和公有住房出售后的共用部位、共用设施设备维修之用的专门款项。物业维修基金的管理是全过程的，包括维修基金账户的开立、维修基金的使用与核对。

流程01：物业维修基金账户的开立流程

物业维修基金账户的开立流程如下表所示。

物业维修基金账户的开立流程

流程	流程说明
提交文件 ↓	（1）业主委员会成立后，应当与本市商业银行签订委托协议，开立一个物业管理区域的维修基金账户。业主委员会开立维修基金账户时，应当提交下列文件和资料，如开户申请书、业主委员会成立的批准文件、业主分户清册等。 （2）业主委员会委托物业公司办理开户手续的，还应当提交书面委托书。
办理手续 ↓	银行根据业主委员会提交的文件开立账户。
通知 ↓	账务建立后，业主委员会应及时通知各业主。
委托	如业主委员会愿意把维修基金委托给物业公司进行管理，应出具相关委托文件。

流程02：物业维修基金使用流程

物业维修基金使用流程如下表所示。

物业维修基金使用流程

流程	流程说明
提出申请 ↓	物业公司需要使用维修基金时，应向业主委员会提出申请。 申请工作应填写相关申请表格，列明使用项目。

（续表）

流程	流程说明
↓ 审批	业主委员会根据物业公司提交的申请表进行审核，确认可以使用后，及时审批。
↓ 使用	获得业主委员会审批后，物业公司就可以使用物业基金。
↓ 检查	业主委员会要定期或不定期对维修基金的使用情况进行检查，确保没有滥用。

流程03：物业维修基金的核对流程

物业维修基金的核对流程如下表所示。

物业维修基金的核对流程

流程	流程说明
提出核对	（1）业主委员会应定期检查维修基金的使用情况。 （2）如果发现维修基金使用不当，业主委员会应提出核对要求，并通知物业公司。
↓ 准备相关账目	物业公司接到业主委员会的通知后，要准备好相关账目，以供核对使用。
↓ 核对	业主委员会派人与物业公司进行核对，核对工作应逐项进行，对有疑问的地方要重点核对。
↓ 确认	核对结束后，双方确认问题所在，共同协商解决。
↓ 记录存档	对核对工作进行记录，并存档，以作为日后核对工作的资料。

第六章　小区车辆管理流程

随着人们生活水平的不断提高，私家汽车越来越多，加强物业区域内的车辆管理，维护小区的公共秩序，确保消防通道畅通，已经成为小区物业管理公司必须做好的一项经常性工作。

第一节　日常车辆管理流程

车辆管理的日常业务包括车辆的入库、车辆的乱停乱放处理、车辆的保管、车辆的出库等。对于这些业务的处理都应有规范的业务流程。

流程01：辖区车辆违规停放处理流程

辖区车辆违规停放处理流程如下表所示。

辖区车辆违规停放处理流程

流程	流程说明
观察	巡逻人员要仔细观察，随时注意辖区内的车辆停放情况，及时发现车主（驾驶员）的违规停放行为。
↓ 违规处理	（1）纠正违章时，要先敬礼，态度和蔼，说话和气，以理服人。 （2）对不听劝阻者要查清姓名、单位（住址）、去向，如实记录并向物业公司汇报。 （3）对已经违规停放且车主不在的车辆，应及时通知监控中心或物业公司，用对讲机、电话通知车主（驾驶员）或其家属，迅速将车改停于规定位置上。
↓ 上门处理 ↓	在用对讲机、电话联系无效的情况下，巡逻保安员或保安班长应上门做好工作，进行说服，督促车主（驾驶员）及时纠正。

（续表）

流程	流程说明
违规异常处理	（1）如果私家车位被占，应根据车库（场）的车辆停放情况，可预留一个空车位给车位被占车主，并向车主（驾驶员）做好解释。 （2）在一车两位占用较长时间，且劝说无效的情况下，该车出场时应向车主（驾驶员）收取双倍车位使用费用。 （3）若遇车主（驾驶员）醉酒或患病将车乱停乱放，应报告班长和物业公司，立即采取措施，避免意外交通事故发生。
记录存档	（1）要对违规处理工作做好记录，并存档。 （2）将违规情况记入业户的违规记录中。

流程02：使用人工道闸的车辆入库管理流程

使用人工道闸的车辆入库管理流程如下表所示。

使用人工道闸的车辆入库管理流程

流程	流程说明
车辆进入	当有车进入时，道口值班员应立即走近车辆并向驾驶员敬礼。
登记	（1）保安员应迅速在车辆出入登记卡上准确填写进场车辆的车牌号码、进场日期、时间、保安员姓名。 （2）当驾驶员开启车窗时说："先生（小姐），请您保管好车辆出入登记卡。"同时将车辆出入登记卡双手递交给驾驶员。 （3）在填写车辆出入登记卡的同时，若有两个保安员，另一保安员应迅速在车辆出入登记表上做好记录，便于核对。
开启车挡器	在驾驶员领到车辆出入登记卡后，应立即开启车挡器放入。

流程03：使用IC智能卡的车辆入库管理流程

使用IC智能卡的车辆入库管理流程如下表所示。

使用IC智能卡的车辆入库管理流程

流程	流程说明
车辆进入	（1）当业户驾驶的使用月卡的车辆进入非营业性停车场时，由驾驶员自行刷卡进入，值班员应敬礼，并做好记录，必要时，由值班员协助刷卡。 （2）业户因故未携带IC月卡驾车进入，值班员可手动开启道闸，同时在车辆出入登记本上做好记录，提醒业户注意随身携带IC卡。
↓ 车辆停放处理	（1）对于临时进场停放的车辆，值班员要主动提醒驾驶员按规定的行驶路线和车位行驶、停泊。 （2）当有公、检、法、军及政府部门执行公务的车辆要求进入管辖区时，应在查证核实后放入。 （3）对驶入道口的客货车，应按规定检查其有无携带易燃易爆等危险物品，否则拒绝其进入。
↓ 注意检查外观	凡进入物业公司辖区内的车辆，保安员要认真检查车辆外观，一旦发现有破损情况，应及时向驾驶员指出，并做好记录，请驾驶员签字确认。
↓ 记录存档	对车辆进入及存放情况做好记录，并存档。

流程04：机动车和非机动车辆入库流程

机动车和非机动车辆入库流程如下表所示。

机动车和非机动车辆入库流程

流程	流程说明
开启车挡器	有允许停放的车辆驶入地库，车场岗保安员应立即开启车挡器。
↓ 登记 ↓	迅速、准确地在《车辆出入登记表》上做好记录。自行车不记录。

（续表）

流程	流程说明
指挥车辆	指挥车辆慢行，安全停放在自己的车位上。自行车应正确停放。
提醒司机	提醒司机锁闭好车门、窗，自行车、摩托车加锁。

流程05：车辆保管流程

车辆保管流程如下表所示。

车辆保管流程

流程	流程说明
巡查	每半小时或临时详细检查车辆、车况，发现漏水（油），未关好车门（窗）或未上锁等情况及时处理并通知车主，及时在《值班记录》上做好记录，同时报告班长或物业公司。对违反停车规定的要酌情处理。
联系	（1）随时和道口岗取得联系，清点车辆，核对数量，确保安全。 （2）禁止无关人员或可疑人员进入车库，若有紧急情况按《值勤时发现可疑分子的处置》有关规定处理。
关注车辆情况	严密注视车辆情况和驾驶员的行为，若遇醉酒驾车者应立即劝阻，并报告班长或物业公司及时处理，避免发生意外交通事故。
检查	每班至少检查一次防火卷帘门、消火栓和灭火器等防火（盗）设施，发现异常情况须在《值班记录》上做好记录并及时上报，立即处理。
清洁	（1）禁止用消防水源洗车，经劝阻不听者按有关规定处理。 （2）协助保洁员维护好车库内清洁卫生，保持车库整洁。

流程06：常规车辆出库流程

常规车辆出库流程如下表所示。

常规车辆出库流程

流程	流程说明
观察	通过反光镜或闭路电视监控系统观察是否有车辆驶出车库。
核对	如果有车辆出库，应仔细核对出库车辆和驾驶员（车主）。
登记放行	（1）核对无误后，立即开启车挡放行，迅速、准确地在《车辆出入登记表》上记录车辆离库时间等。 （2）自行车须经核对车号牌无误后放行，可不做记录，但车号牌要妥善保管。
出库异常处理	（1）若对出场车辆、驾驶员有疑问，应立即到车挡前先向司机敬礼，再有礼貌地询问，若与车主联系确认是车主的亲友，并带着车位牌时应放行。 （2）若经盘问仍有疑问，应立即扣留车辆，迅速用对讲机通知班长和巡逻保安，并机警地做好应急准备，以防止不法分子盗车行凶。

流程07：使用IC卡智能化管理系统的车辆出库管理

使用IC卡智能化管理系统的车辆出库管理如下表所示。

使用IC卡智能化管理系统的车辆出库管理

流程	流程说明
做好准备	采用IC卡智能化管理系统的营业性车库（场），保安员发现有车辆要驶出时，应立即看清车牌号，做好准备，必要时协助驾驶员刷卡。
仔细核对	（1）认真察看电脑，仔细核对刷卡车辆是否与电脑记载的内容相符。 （2）通过电脑分辨是否临时停车，是则回收临时IC卡。

（续表）

流程	流程说明
↓ 未携带IC卡的处理	（1）属于临时进场停车的外来车辆，应请驾驶员到物业公司办理有关手续，并按规定缴纳车辆出入登记卡或IC卡工本费，凭物业公司出具的放行通知单方可放行。 （2）属于业户驾驶的车辆，应请其在《营业性车场无卡车辆离场登记表》上签字后放行。 （3）物业公司须每月调校一次电脑，以保证电脑储存的数据与实际情况符合。

流程08：车辆冲卡处置流程

车辆冲卡处置流程如下表所示。

车辆冲卡处置流程

流程	流程说明
车辆冲卡	车管员要注意观察车辆冲卡出场。
↓ 记录	（1）停车场保安员立即记录冲卡车辆的车型、车牌号、颜色及逃走方向，同时报告当班班长。 （2）当班班长到场了解情况后，通知监控中心保存事故现场录像。
↓ 违规冲卡处理	（1）查找并通知车主到场。 （2）拨打“110”报警，向公司领导报告，协助公安人员破案，询问目击者、证人，组织取证。
↓ 意外冲卡处理	因车辆故障导致冲（撞）闸或驾驶员因生理原因导致车辆失控，保安员向班长、保安主管报告，责成事故车主对车场被毁设施进行赔偿。
↓ 善后工作	按领导要求做好善后工作，做好记录。

流程09：发现可疑人员开车出车场的处理流程

发现可疑人员开车出车场的处理流程如下表所示。

发现可疑人员开车出车场的处理流程

流程	流程说明
仔细观察	停车场保安员发现神色紧张的可疑人员欲开车出场。
跟踪处理	（1）及时跟踪、观察、确认开车人员，留意车辆车况是否受损。 （2）通知停车场保安员做好安全预防工作。
核对	停车场保安员认真核对开车人员的身份，是否凭月卡出场，检查车辆行驶证、驾驶证与车主之间的关系。
处理	（1）车辆更换驾驶员的处理。记录驾驶员姓名，核查清楚，安全放行。 （2）有盗车嫌疑的处理。立即通知班长、巡逻保安员到场增援，注意自我保护，将犯罪嫌疑人扭送公安机关，通知车主到场。
记录存档	保安员做好记录并存档。

流程10：无卡车辆开出车场处置流程

无卡车辆开出车场处置流程如下表所示。

无卡车辆开出车场处置流程

流程	流程说明
观察	停车场保安员发现车辆出场无卡。车卡（IC卡）是出入车场的唯一凭证，车辆外出必须凭（刷）卡放行。停车场保安员熟记免费放行车辆车牌号，公司车辆免费放行。
询问原因	严格执行停车场管理制度，认真做好验证工作，询问车主无卡原因。
处理	（1）月卡已过期，临时卡须按时收取停车费用。 （2）遗失、忘带卡。提醒车主备齐三证（行驶证、驾驶证、身份证）到服务中心办理相关手续。

（续表）

流程	流程说明
↓ 记录存档	做好记录并存档。

第二节　停车场异常状况处理流程

在停车场的管理过程中难免会有一些异常状况出现，如突然停电、收款系统发生故障、发生火灾、车辆被盗或遭破坏、车辆互相碰擦等。对于这些异常状况的处理都应有规范的业务流程。

流程01：停车场停电处理流程

停车场停电处理流程如下表所示。

停车场停电处理流程

流程	流程说明
停电 ↓	（1）当停车场停电时，保安员应立即将停电区域及详细情况报告班长。 （2）保安员要向工程部了解停电的原因。
解决 ↓	（1）通知工程部查明原因，及时恢复电力供应。 （2）一时无法恢复电力供应的，应启用自备发电机。 （3）使用紧急照明，保证各通道照明。
收费 ↓	如果是收费系统停电，应通知停车场出入口收费人员，使用手动计费。
记录存档	做好事件处理的记录工作，并存档。

流程02：收款系统故障处理流程

收款系统故障处理流程如下表所示。

收款系统故障处理流程

流程	流程说明
故障发生 ↓	当收款系统发生故障时，停车场保安员应立即通知部门主管或值班主任，并记录故障时间。
处理 ↓	（1）尽快报工程部维修，恢复正常使用。 （2）未能恢复使用前，通知道口岗位保安员使用手动计费。 （3）按手动计费操作程序收取停车费。
修理后 ↓	修理完毕后，核对手动收费状况，确保无误。
记录存档	做好事件处理的记录工作，并存档。

流程03：停车场火灾处理流程

停车场火灾处理流程如下表所示。

停车场火灾处理流程

流程	流程说明
火灾发生 ↓	（1）当停车场发生火灾时，应以最快的方式通知物业消防中心，说明起火的确切地点和起火性质。 （2）立即疏散起火现场周围的业户。
火灾处理 ↓	（1）运用就近的消防器材尽快将火焰扑灭或控制火势蔓延。 （2）如火势扩大，难以控制，车场（库）保安员工应协助指导车场内业户以最安全、快捷的途径离开车场（库）到安全地点，并预防其他事故发生，如出现人员受伤，应积极抢救。

（续表）

流程	流程说明
↓ 调查	（1）保护起火现场，等候专业人员进行调查。 （2）由经理以上职级的人员决定是否向当地消防管理机构报警。
↓ 记录存档	做好事件处理的记录工作，并存档。

流程04：车辆盗窃或破坏事件处理流程

车辆盗窃或破坏事件处理流程如下表所示。

车辆盗窃或破坏事件处理流程

流程	流程说明
报告 ↓	（1）遇到盗窃或破坏事件时，保安员应以最快方式报告监控中心或上级主管。 （2）报告时简要说明现场情况，如地点、人数、人员财物损失情况等。
处理 ↓	（1）保持冷静，如能处理的可将有关人员带往保安部调查处理，如不能及时处理则应监视现场，等候其他岗位支援及上级指令。 （2）视情况决定是否需要报警。
保护现场 ↓	保护现场不受破坏，以待调查取证。
记录存档	做好事件处理的记录工作，并存档。

流程05：车辆碰撞处理流程

车辆碰撞处理流程如下表所示。

车辆碰撞处理流程

流程	流程说明
拦住肇事者	（1）当发生车辆碰撞时，将肇事驾驶人拦在现场。 （2）暂时扣下肇事驾驶人的有关证件，等候上级前来处理。
↓ 通知	立即通知班长或上级主管到现场处理。
↓ 处理	（1）现场处理时，要问清原因。 （2）按照原因开展处理工作，如果碰撞造成车辆损坏的，需安排肇事者进行赔偿。
↓ 记录存档	做好事件处理的记录工作，并存档。

流程06：电梯故障处理流程

电梯故障处理流程如下表所示。

电梯故障处理流程

流程	流程说明
通知	停车场电梯出现故障时，通知监控中心保安人员。
↓ 摆放通知	（1）在电梯口摆放通知或指引。 （2）通知入车口保安员。
↓ 指引	（1）入车口岗保安员接通知后应向入场业户作适当指引。 （2）保安员在收取停车费后应向业户作出适当的解释和指引。
↓ 记录存档	做好事件处理的记录工作，并存档。

流程07：公、检、法等公务车辆不按规定停放或不缴停车费处理流程

公、检、法等公务车辆不按规定停放或不缴停车费处理流程如下表所示。

公、检、法等公务车辆不按规定停放或不缴停车费处理流程

流程	流程说明
说明规定	公、检、法等公务车辆不按规定停放车辆时，向驾驶员说明物业公司管理服务的规定。
通知	（1）能独自处理则独自处理。 （2）如难以独自处理的，则尽快通知班长或上级主管到现场处理解决。
处理	（1）尽力将驾驶人留在现场。 （2）保持冷静，不使用过激的语言及不礼貌行为与驾驶人争执。
记录存档	做好事件处理的记录工作，并存档。

流程08：停车场车辆发生损毁情况的处理流程

停车场车辆发生损毁情况的处理流程如下表所示。

停车场车辆发生损毁情况的处理流程

流程	流程说明
发现损毁	（1）车场保安员发现损毁时，必须及时赶到事故现场，查明原因，阻止肇事驾驶员及其车辆离开现场。 （2）立即向班长或上级主管报告；通知监控中心对事故车辆实施监控；通知道口岗，在班长或者上级主管未发出放行指令前，禁止事故车辆驶离停车场。
到场处理	（1）班长或保安队长到达现场后，及时了解事故原因，确认肇事车主（驾驶员）、被损毁车辆的车主是否属本小区业户。 （2）及时通知巡逻保安员赶到事故现场维护秩序，疏导其他车辆进出，并做好其他车主的解释工作。

（续表）

流程	流程说明
联系	（1）若受损车辆的车主不在现场，应尽快与其取得联系，请其速到现场参与处理。 （2）若无法与受损车辆的车主取得联系，物业公司可要求肇事车主将行车证、驾驶证、身份证等有效证件留下或复印，并收取一定数额的押金，同时要求肇事方以书面形式作出承诺。
↓ 意外处理	（1）如保安员未能见证车辆损毁经过，而是车主先发现并向物业公司提出索赔要求时，当班保安员应立即向班长或上级主管报告。物业公司应要求保险公司按理赔程序处理。 （2）物业公司应注意避免车主双方直接发生冲突，防止矛盾激化。同时要尽力疏散围观群众，防止发生其他事故。
↓ 记录存档	做好事件处理的记录工作，并存档。

流程09：道口进（出）交通受阻的处理流程

道口进（出）交通受阻的处理流程如下表所示。

道口进（出）交通受阻的处理流程

流程	流程说明
了解情况	当发现道口进（出）交通受阻时，应迅速了解情况，查明原因，查清车主的姓名、单位，立即向班长或上级主管报告。
↓ 现场处理	（1）应保持沉着冷静，掌握好对策，迅速组织人员疏散道口的车辆，并向其他车主做好解释工作，表示歉意。 （2）车场和巡逻保安员要及时疏通车场通道，必要时启用车场预备进（出）口，疏散进出场车辆，或将进（出）口设为出（进）口。
↓ 引导	指派人员到就近的路口引导车辆出入，防止意外交通事故的发生。同时切换智能化收费管理系统，或采取人工收费。

第七章　社区文化管理流程

具有特色的社区文化氛围，有利于促进业户之间、业户与物业服务者之间的交流沟通，更有利于物业的日常管理，因此，物业公司应将社区文化提上日程，并且将各项常规工作流程化。

第一节　社区文化策划与组织流程

任何一项活动的开展都要有策划和组织的过程，社区文化活动也不例外。只有在事前把策划与组织工作做好了，后续的实施才能够顺利进行。

流程01：环境文化建设流程

环境文化建设流程如下表所示。

环境文化建设流程

流程	流程说明
确定建设目标 ↓	小区文明洁净，环境质量良好，资源合理利用，生态环境实现良性循环，基础设施健全，养成良好的环境意识，建设绿色社区。
设立组织机构 ↓	可设立环境管理的专门部门，确定专人负责，制定保护环境的规章制度并做好监督工作。邀请业户代表组成环保小组，义务监督，发现问题及时处理，定期公布环境布告。
广泛宣传 ↓	（1）宣传环保、循环经济，倡导环保、循环经济从我做起。 （2）每季度组织业户开展一次环保活动。 （3）每个月举办一次环保讲座，出一次专刊，每年度进行一次环保评比奖励。 （4）开展如“树木领养”、“拥有一片家园”等活动，激发业户共同关心环境的潜在热情。

（续表）

流程	流程说明
具体措施	（1）排水管道可实行雨污分流，拟建生活污水处理装置，家庭污水进入污水管网，食物垃圾粉碎后从下水道排走。 （2）垃圾分类袋装和资源化回收、无害化处理，实现经济发展的良性循环。 （3）垂直绿化和立体绿化。 （4）对噪声进行监测和管制，加强空气污染控制等。
↓ 记录存档	对环境文化建设过程中涉及的各类文件资料做好记录，并存档。

流程02：文化活动组织管理流程

文化活动组织管理流程如下表所示。

文化活动组织管理流程

流程	流程说明
配备工作人员	（1）设置文化活动组织专职人员，通常为1～3名，负责对活动全面管理。 （2）设立兼职组织。如果社区规模不大，则只需设立兼职组织。兼职组织除了固定的1～3名兼职人员外，也可以聘请几名本社区业户或居委会中的热心人士业余兼职。
↓ 人员培训	物业公司应对社区文化活动的相关人员进行培训，使其熟练掌握文化活动的要领，以便顺利开展工作。
↓ 考核	物业公司也应对社区文化活动人员进行考核，对达标的人员进行表彰，对没有达标的员工提出批评，或帮助其进行改善。

流程03：社区文化活动策划流程

社区文化活动策划流程如下表所示。

社区文化活动策划流程

流程	流程说明
需求调研 ↓	社区文化活动需求调研是策划的第一步，因此，应首先了解所辖物业区域内业户对社区文化活动的需求。社区文化活动的需求调研方法与其他延伸服务的方法相同，可以利用业户调查问卷或相关分析等办法来进行。
总体构想 ↓	通过对社区文化活动的需求分析，再结合社区的实际情况，就社区文化活动进行总体把握，作出初步的策划。总体构想包括以下内容：目标、原则、文化背景的分析、方式方法构想、活动主题构想等。
制订活动计划 ↓	社区文化活动的计划编制至少每年应进行一次，具体应从便于时间、工作安排的角度出发，按月作活动安排。
制定活动方案	方案制定之后，社区文化活动管理部门就应针对具体项目制定活动的实施方案。通常方案的制定应考虑以下内容：时间、地点、主题、形式、活动参与对象、活动邀请对象等相关事宜。

流程04：社区文化活动方案制定与调整流程

社区文化活动方案制定与调整流程如下表所示。

社区文化活动方案制定与调整流程

流程	流程说明
制定社区文化活动方案 ↓	管理处社区文化专员编写社区文化活动方案，方案应详细说明活动时间、活动地点、活动项目、参加部门、人员分工、邀请单位、嘉宾名单、活动器材道具、经费预算、经费来源，并确定各项事务的负责人。
填写“社区文化活动方案审批表” ↓	按公司规定的表格要求填写审批表，提交公司社区文化主管。
审批 ↓	社区文化主管按规定程序和审批权限进行审批。

（续表）

流程	流程说明
提出费用申请	按照审批表上的费用预算金额向公司财务部提出费用支出申请。
方案调整并交领导审核备案	如因特殊情况需要调整社区文化活动方案，应及时写出书面说明和调整后的《社区文化活动计划》由领导审核备案。

第二节　社区文化实施与评估管理流程

社区文化的实施就是将具体的活动方案落到实处，评估就是对每次社区文化活动的成功与失败之处进行评估，并以此作为改进的依据。

流程01：社区文化活动开展流程

社区文化活动开展流程如下表所示。

社区文化活动开展流程

流程	流程说明
动员积极分子参与	活动前做好小区居民的宣传动员工作，特别是动员一些居民积极分子进行活动前的排练和预演，以提高社区居民的参与热情。平时就要了解住户中有哪些特殊爱好者，与他们进行沟通，征求他们对社区文化活动的意见，邀请他们参与策划、组织，参与各类活动。
将活动广而告之	开展社区活动必须让所有的人知晓，所以可以在公告栏上以通知或者邀请函的形式发布出来。
社区文化活动现场的控制	（1）护卫队员要在现场维护秩序，确保活动现场的安全。 （2）活动时要组织进行现场报道，对活动过程进行影像资料保存，及时进行一些必要的居民观众采访，收集报道素材。

流程02：社区文化工作评估和改进流程

社区文化工作评估和改进流程如下表所示。

社区文化工作评估和改进流程

流程	流程说明
文字、资料收集 ↓	每次社区文化活动后要及时做好文字记录，并且收集活动中的相关照片。
活动总结 ↓	社区文化活动专员将本次活动的情况填写在“社区文化活动效果评估表”中，针对活动效果予以总结。
收集、分析业主的意见并存档 ↓	社区文化专员收集、整理、分析业户和公司员工对本次社区文化活动的意见和建议，并及时存档。
调整和改进	管理处应在每次活动评估的基础上，及时调整和改进社区文化工作。

第八章　物业环境管理流程

保洁和绿化是物业公司的常规工作项目，其目的是确保为业户提供一个优质、高效、洁净、舒服、优美的工作环境和生活环境。规范的作业流程有助于提升保洁和绿化的工作质量，从而达到管理目的。

第一节　保洁管理流程

物业保洁作业流程就是把保洁作业的合理过程以文件的方式做出来。其目的是通过对保洁人员进行技术性指导，提高其工作效率与品质，又好又快地完成保洁工作。

流程01：火灾后的保洁流程

火灾后的保洁流程如下表所示。

火灾后的保洁流程

流程	流程说明
清扫地面	（1）救灾结束后，用垃圾车清运火灾遗留残物，打扫地面。 （2）清除地面积水，用拖把拖抹。
↓ 检查	（1）检查户外周围，如有残留杂物一并清运、打扫。 （2）污雨水井、管道、化粪池堵塞，污水外溢的应急处理措施。 （3）通知相关人员迅速赶到现场，进行疏通，防止污水外溢。
↓ 垃圾清理	清洁员将捞起的污垢、杂物直接装上垃圾车，避免造成二次污染。

流程02：暴风雨后清洁流程

暴风雨后清洁流程如下表所示。

暴风雨后清洁流程

流程	流程说明
检查	检查雨污水井，看是否存在污迹杂物等。
↓ 清扫	（1）清洁员及时清扫各责任区内所有地面上的垃圾袋、纸屑、树叶、泥、石子及其他杂物。 （2）发生塌陷或大量泥沙溃至路面、绿地时，清洁员协助物业公司检修，及时清运、打扫。
↓ 巡查	清洁主管要巡查保洁员工作，确保保洁员工作顺利完成。

流程03：楼层内发生水管爆裂事故处理流程

楼层内发生水管爆裂事故的处理流程如下表所示。

楼层内发生水管爆裂事故的处理流程

流程	流程说明
关闭阀门	迅速关闭水管阀门，迅速通知保安和维修人员前来救助。
↓ 扫水	（1）迅速扫走流进电梯厅附近的水；否则可将电梯开往上一楼层，通知维修人员关掉电梯。 （2）用垃圾斗将水盛到水桶内倒掉，再将余水扫进地漏，接好电源后再用吸水器吸干地面水分。
↓ 吹干地面	打开门窗，用风扇吹干地面。

流程04：保洁工作的检查流程

保洁工作检查流程如下表所示。

保洁工作检查流程

流程	流程说明
员工自查	员工依据本岗位责任制、卫生要求、服务规范，对作业的效果进行自查，发现问题及时解决。
↓ 班长作业检查	班长在指定管理的岗位和作业点，实施全过程的检查，发现问题及时解决。
↓ 主管巡查	主管对管辖内的区域、岗位进行巡查或抽查，应结合巡查所发现的问题、抽查纠正后的效果，把检查结果和未能解决的问题上报部门经理，并记录在交接本上。
↓ 部门经理抽查	部门经理应对管辖内区域、岗位和保洁员进行有计划的区域、岗位、作业点抽查，并及时解决问题。

流程05：蚊、蝇、蟑螂消杀流程

蚊、蝇、蟑螂消杀流程如下表所示。

蚊、蝇、蟑螂消杀流程

流程	流程说明
安排好时间	每年的1～4月、11～12月份中旬，每天应进行一次虫害消杀工作。其他月份具体参照各标准作业规程的要求进行消杀。
↓ 明确消杀区域 ↓	消杀区域包括各楼层的楼梯口、楼梯间及楼宇周围、别墅、会所及配套的娱乐场所、各部门办公室、公厕、沙井、化粪池、垃圾箱、垃圾周转箱等室外公共区域或公用物件，员工宿舍和食堂等。

（续表）

流程	流程说明
选择消杀药物	消杀药物一般用敌敌畏、灭害灵、敌百虫、菊酯类药喷洒剂等。
开展消杀工作	消杀方式以喷药触杀为主，喷药时要注意对准目标，不要随意乱喷，防止药物伤人。同时要穿戴好防护衣帽，消杀工作结束后，应使用药用肥皂洗手消毒。
记录存档	对消杀工作要做好记录，并存档。

流程06：灭鼠流程

灭鼠流程如下表所示。

灭鼠流程

流程	流程说明
安排时间	灭鼠工作每月应进行两次。
选择灭鼠区域	别墅、楼宇四周，员工宿舍内，食堂和会所的娱乐配套设施，小区中常有老鼠出没的区域。
制作灭鼠饵料	（1）将米或碾碎的油炸花生米等放入专用容器内。 （2）将鼠药按剂量均匀撒在饵料上。 （3）制作饵料时，作业人员必须戴上口罩、手套，禁止裸手作业。
灭鼠	主要采取投放拌有鼠药的饵料和粘鼠胶的方法。注意不要把灭鼠饵料乱放，避免人员误食，工作结束后，应使用药用肥皂洗手消毒。
记录存档	对消杀工作要做好记录，并存档。

流程07：消杀工作的检查流程

消杀工作的检查流程如下表所示。

消杀工作的检查流程

流程	流程说明
准备好检查表	检查工作应配备好相应的检查表，表中列明需要检查的事项及标准。
检查	（1）安排专人根据检查表逐项进行检查，及时记录检查结果。 （2）对不合格的地方要重点检查，重复检查，也要做好记录。 （3）检查工作应秉公执行，不得徇私。
处理	对检查中不合格的地方要通知消杀人员进行改进，必要时按公司规定进行处罚。
记录存档	做好检查记录，并存档。

第二节　物业绿化管理流程

物业绿化作业流程就是把绿化作业的合理过程以文件的方式做出来。其目的是通过对绿化人员进行技术性指导，提高其工作效率与品质，使其又好又快地完成绿化工作。

流程01：灌木修剪流程

灌木修剪流程如下表所示。

灌木修剪流程

流程	流程说明
领用修剪工具	修剪人员将工具领用后，穿好相应的防护用品。

（续表）

流程	流程说明
↓ 修剪	（1）灌木在雨天及有露水时，忌修剪。 （2）修剪工必须按规定的造型进行修剪，不允许随意改动造型。 （3）边修剪边清理干净修剪后的枝叶。
↓ 检查	灌木修剪完成后，班长负责对修剪效果进行检查并填写“绿化每日工作记录、检查表”。

流程02：人工除杂草流程

人工除杂草流程如下表所示。

人工除杂草流程

流程	流程说明
领取除草工具	除草人员领取工具后，要穿好相应的防护用品。
↓ 除草	（1）少量杂草或无法用除草剂的草坪杂草采用人工拔除。 （2）人工除草按区、片、块划分，定人、定量、定时地完成除草工作。 （3）应采用蹲姿作业，不允许坐地或弯腰寻杂草。 （4）应用辅助工具将草连同草根一起拔除，不可只将杂草地上部分去除。
↓ 放置杂草	拔出的杂草应及时放于垃圾桶内，不可随处乱放。
↓ 检查	灌木除草完成后，班长负责对效果进行检查并填写“绿化每日工作记录、检查表”。

流程03：使用除草剂的除草流程

使用除草剂的除草流程如下表所示。

使用除草剂的除草流程

流程	流程说明
选择除草剂	应根据具体除草要求，选择合适的除草剂。
除草	（1）已蔓延的恶性杂草应选择恶性除草剂。 （2）应在园艺师指导下进行，由园艺师或技术员配药，并征得绿化保养主管同意，正确选用除草剂。 （3）喷除草剂时喷枪要压低，严防药雾飘到其他植物上。
清洗用具	喷完除草剂的喷枪、桶、机箱等要彻底清洗，并用清水抽洗喷药机几分钟，洗出的水不可倒在有植物的地方。工作结束后，应使用药用肥皂洗手消毒。
记录存档	用完除草剂要做好记录，并将相关文件存档。

流程04：车辆喷灌流程

车辆喷灌流程如下表所示。

车辆喷灌流程

流程	流程说明
选择喷灌区域	喷灌人员应选择好需要喷灌作业的区域，并做好标记。
准备好喷灌车辆	物业公司应准备好喷灌车辆，确保车辆中有足够的水。如果公司没有相关车辆，应设法借或者租用一台。
喷灌作业	喷灌时应注意不要太多或太少，过少使植物无法吸收水分，过多则可能会使植物淹死。
检查	喷灌完成后，班长负责对效果进行检查并填写“绿化每日工作记录、检查表”。
记录存档	喷灌完毕后要做好记录，并将相关文件存档。

第四部分

怎样进行物业专项管理

物业专项管理涉及物业安全管理、物业服务管理等多方面的工作，每个方面都不能忽视。

第一章　物业安全专项管理

物业安全管理是物业公司为防盗、防破坏和防灾害事故而对所管物业进行的一系列管理活动，目的是保障物业公司所管辖物业区域内的人身、财务安全，保护业户的正常生活和工作秩序。

第一节　物业安全专项制度管理

物业公司应根据所辖物业的实际情况制定各项安全护卫制度，如护卫员值班岗位责任制、门岗值班制度、护卫员交接班制度、护卫员器械使用管理规定等。现将这些相关的制度罗列一些范本供修改、应用。

制度01：保安员仪容、仪表管理制度

文件名称	保安员仪容、仪表管理制度	编号	
		版本	A／0

一、目的

为树立保安人员的良好形象和保安队的社会声誉，振作精神，鼓舞士气，真正建立一支社会信誉良好、居民拥戴、具有战斗力的区域保安队伍，特制定本制度。

二、适用范围

适用于本公司所有保安员。

三、具体内容

1．着装规定

（1）统一着装，要求举止文明、大方、得体，精神抖擞。

（2）统一穿黑色皮鞋，戴保安帽，系领带，佩戴工作牌，服装整齐、干净（凡配戴不齐者，不得上岗）。

（续表）

<table>
<tr><td colspan="6">(3) 不得戴饰物，口袋内不宜装过多物品。
(4) 禁止披衣、敞怀、挽袖、卷裤腿、戴帽不正、穿拖鞋或赤脚。
2. 形象规定
(1) 经常注意检查和保持仪表整洁。
(2) 不准留长发、蓄胡子、留长指甲。头发不得露于帽檐外，帽檐下发长不得超过1.5厘米。鼻毛不得露出鼻孔。
(3) 精神振作，姿态良好，抬头挺胸，不准弯腰驼背、东倒西歪、前倾后靠、伸懒腰；不得袖手、背手、叉腰或将手插入口袋中。执勤中不准吸烟、吃零食，不勾肩搭背；做到站如松，坐如钟，动如风。
(4) 不准哼歌、吹口哨、听收（录）音机、看书报。
(5) 不得随地吐痰、乱丢杂物。
(6) 不得挖耳孔，不得敲桌椅、跺脚或玩弄其他物品。
(7) 做到"微笑服务"，对待业户友善、热诚，严格遵守公司规定的文明礼貌服务用语。
(8) 注意事项。上岗前，必须对照镜子整容，检查衣帽、领带、鞋带及装备是否穿戴整齐、规范，队长、班长在场应检查或予以纠正。
四、附则
(1) 本制度由保安部主持制定，其解释权归保安部所有。
(2) 本制度经总经理批准后，自颁布之日起实施。</td></tr>
<tr><td>编制</td><td></td><td>审核</td><td></td><td>批准</td><td></td></tr>
</table>

制度02：保安员交接班制度

<table>
<tr><td rowspan="2">文件名称</td><td rowspan="2">保安员交接班制度</td><td>编号</td><td></td></tr>
<tr><td>版本</td><td>A／0</td></tr>
<tr><td colspan="4">**一、目的**
为使保安员在交接班时能做到有条不紊，做好交接工作，保证工作顺利进行，特制定本制度。
二、适用范围
适用于本公司所有保安员的交接班工作。</td></tr>
</table>

（续表）

三、内容 1．交接时间 接班保安员按规定着装后，提前10分钟上岗接班。 2．交接班要求 （1）接班保安员到达后，应由交班保安员在“值班记录表”上记录交班内容和交接班开始时间并签名。 （2）交接班时，交班保安员必须将需要接班保安员继续观察或处理的问题、装备器材和其他物品的数量，以及电梯、监控、道闸等重要设备设施的运行情况向接班保安员移交清楚，并做好记录备查。 （3）交班保安员须在接班保安员对管区进行巡查、验收并签字确认后才能下班。正常情况下，接班保安员的验收过程应在规定的交接班时间15分钟内完成。 （4）所有事项交接完毕，由接班保安员在登记簿上准确记录上班（即交班保安员完成交班任务）具体时间并签名确认。这一时间既是交班保安员的工作结束时间，也是接班保安员的工作起始时间。 （5）接班保安员验收时发现（包括交班保安员当班时发生而未发现）的问题，由交班保安员承担责任；交接过程中发生的问题，由交接班双方共同承担责任；交接完毕，接班签字认可后发生的问题，由接班保安员承担责任。 （6）接班保安员未到岗或虽已到岗，但未办毕交接手续并签名确认时，交班保安员不得下班；否则，期间发生的问题，由交班保安员负责。 四、附则 （1）本制度由保安部主持制定，其解释权归保安部所有。 （2）本制度经总经理批准后，自颁布之日起实施。					
编制		审核		批准	

制度03：大堂保安管理制度

文件名称	大堂保安管理制度	编号	
		版本	A／0
一、目的 为规范对大堂保安工作的管理，特制定本制度。			

（续表）

二、适用范围

适用于本公司所有大堂保安员。

三、内容

1．上岗前准备

按照“保安员服式及着装规定”和“保安员交接班制度”要求，做好上岗执勤的准备工作和交接工作。

2．值班制度

（1）大堂岗保安工作实行24小时当班制。

（2）三班制，每班工作8小时。

（3）早班：8:00～16:00，中班：16:00～24:00，晚班：24:00至次日8:00。

（4）早、中、晚三班每星期依次轮换一次，即每星期六为轮换日。

3．站立式服务

（1）服务时间：非站立式服务时间遇有访客、公司领导进入大厦（小区）等情况时，应起立进行站立式服务。

（2）站立姿势有立正、跨立两种姿势。

（3）站立位置：需进行站立式服务时，以站立姿势站于办公桌前。

4．来访登记

（1）业户、公司领导及员工进出本大厦（小区）不用登记。

（2）当有业户出大堂时，应主动点头微笑，并用“您早！”“您好！”“早晨好！”“早上好！”等以示问候；当有业户进大堂时，应主动点头微笑，并用“您回来啦！”“您下班啦！”“您好！”等话语表示迎接和问候。

（3）对外来客人（包括业户的亲友、各类访客、装修等作业人员、员工的亲友等）一律实行进、出大厦（小区）登记（或存、取）有效身份证件制度。

（4）当有客人来访时，应主动点头微笑示意，并用：“先生（小姐），您好！请问您拜访哪位，住哪层、哪座？”

（5）准予登记的有效证件，特指在有效期内的身份证、暂住证、边防证、回乡证和贴有照片并加盖公安机关印鉴的边境出入证等。

（6）认真核对证件和持有人是否相符，若不符则不予登记并禁止进入。

5．严密监视大堂和电梯

（1）保持警惕，严密注视进出大堂的各类人员，特别是外来人员；如有怀疑，立即通知巡逻人员或班长。若发生意外情况，按有关规定处理并做好值班记录。

（续表）

（2）通过闭路电视监控系统密切监视电梯内的情况。当发生电梯困人事件时，应立即安慰乘客；同时通知电梯维修工马上进行抢修，并及时报告班长，协助做好善后工作。做好值班记录，填写“事故报告表”并如实上报。 6．注意事项 （1）迎送服务语言要得体，态度要诚恳，目光不要游离，应用友善的目光注视服务对象。 （2）尽量不要在站立式服务时间内分发报刊、邮件或做其他非急需处理的工作。 （3）不准与闲杂人员闲聊、嬉笑、逗闹，回答业户、领导、同事及访客询问应简洁。 **四、附则** （1）本制度由保安部主持制定，其解释权归保安部所有。 （2）本制度经总经理批准后，自颁布之日起实施。

编制		审核		批准	

制度04：闭路电视监控管理制度

文件名称	闭路电视监控管理制度	编号	
		版本	A／0

一、目的 为加强对闭路电视监控系统的管理，特制定本制度。 **二、适用范围** 适用于本公司的闭路电视监控中心。 **三、内容** （1）保安员进行监控时，应集中精力，全神贯注，迅速判断，果断操作，不得擅自离岗或做与工作无关的事。 （2）闭路电视进行24小时监控，无关人员不得随意进入监控室进行调阅查看。 （3）保安员必须密切注意监视屏幕的动态画面，一旦发现可疑情况应及时通知巡逻保安员赶赴现场进行处理，必要时马上通知上级部门领导。

（续表）

<table>
<tr><td colspan="6">（4）非当班保安员不准随意查看录像资料，必须查看的须经上级领导批准方可查看。如有重要情况发生的录像资料，应单独保留以备查看。
（5）如监控设备出现故障，应立即通知工程技术部，要求维修人员进行处理，并做好记录。
四、附则
（1）本制度由保安部主持制定，其修改、解释权归保安部所有。
（2）本制度经总经理批准后，自颁布之日起实施。</td></tr>
<tr><td>编制</td><td></td><td>审核</td><td></td><td>批准</td><td></td></tr>
</table>

制度05：业户装修管理制度

<table>
<tr><td rowspan="2">文件名称</td><td rowspan="2">业户装修管理制度</td><td>编号</td><td></td></tr>
<tr><td>版本</td><td>A／0</td></tr>
<tr><td colspan="4">**一、目的**
为维护全体业户的合法权益，规范小区施工管理，保证建筑物的完好和安全，保持住宅区的美观和清洁，根据中华人民共和国建设部令第110号《住宅室内装饰装修管理方法》，结合小区物业实际，特制定本制度。
二、适用范围
适用于本公司物业小区所有业户装修业务。
三、内容
1．房屋装修遵循先申请，后施工原则，具体报批程序如下
（1）业户与装修施工单位负责人到物业公司申报办理装修手续，装修负责人到该公司财务部缴纳装修履约金。
（2）业户与施工单位负责人持装修履约金的付款凭证到物业公司详细、如实填写《装修申请表》，并提交装修方案由物管处进行审批同意。
（3）作为业户聘请的施工单位，需具有一定资质，并向物业公司提供施工单位的营业执照、资质证明、安全施工许可证等复印件备案，以确保工程质量，方便后期开展工作，上述证件齐全方可入场施工。
（4）施工单位负责人要办理装修人员临时《出入证》。施工人员凭《出入证》进出</td></tr>
</table>

（续表）

小区，严禁一证多人使用（装修人员需交一寸照片两张及身份证复印件）。

2．装修期限

业户应在规定时间（自验收接管两年）内对房屋进行装修。对逾期不装修的房屋，装修过程中，室内出现的问题物管部不负责协调处理。

装修期限原则上控制在90天之内，如需延期，业户应提前向物业公司提出申请，经过批准后方可继续施工。

3．装修时间

装修施工应安排在上午8:00～12:00，下午14:00～18:00时间内进行，星期六、星期日时间早9:00～12:00，下午14:00～18:00，以免影响他人正常生活。

如在装修前期，无业户入住时，装修时间也可适当延长（但须经物管处批准后方可施工）。物业公司将派管理人员对正在装修中的房屋进行不定期检查，装修人员不得拒绝和阻碍物业公司人员对住宅室内装饰装修活动的监督检查工作。

4．室内部分规定

（1）严禁拆改原房屋的墙、柱、梁、楼板、楼梯等主体结构部件，允许对住宅楼地面、内墙面、顶棚进行表面装修。

（2）不得凿除地面和房顶的水泥层，不得随意凿动卫生间地面，有防水层的不得破坏原有防水层。严禁将没有防水要求的房屋或阳台改为卫生间、厨房，乱接水管，乱改电路，若改动出现问题由业户负责。

（3）严禁改变房屋配套设施的使用功能，严禁乱改动房屋原有门、窗。扩大承重墙上原有的门窗尺寸，拆除连接阳台的砖、混凝土墙体。楼面装修设计荷载不得大于150千牛/平方米。

（4）在封包和拆改水电路改管线及配套设施时，业户必须监督装修施工企业按规定重点部位，必须预留检查孔（不小于30×30厘米），并方便拆卸。否则，物业在维修时发生的损坏由业户自负。

（5）需改动卫生间、厨房间防水层的，应当按照防水标准制定施工方案，并报物管公司备案同意，并做闭水试验。物业公司不负责维修处理改动过的卫生间、厨房防水设备设施。

（6）严禁在房屋内安装动力设备。严格遵守施工安全操作规程，不得擅自动用明火和进行焊接工作，以保证作业人员和周围住房及财产的安全。

（7）严禁私拉乱接偷用水电，不得擅自使用380伏三相电，线路安装必须接地，并做好绝缘处理。

5．室外部分装修规定

（续表）

（1）不得改动外墙、窗户及门的样式、规格和颜色，不得在阳台上私搭乱建，不得在外窗安装防盗笼、晒衣架、遮雨棚，如需安装防护栏，须在物业公司指导下在室内安装，以保持整个小区房屋外观的统一。

（2）未经物业公司批准，不得擅自封闭露台。

（3）未经物业公司批准，业户不得私自上楼顶安装太阳能及其他设备。

（4）业户需要装饰外墙的（如做门头、广告牌等），必须在物业公司的指导下装修。

（5）未经申报、同意，不得私自接驳和移动电源线路。

6．装修材料及装修垃圾的存放、运送

（1）运送材料、清运垃圾，须采用编织袋袋装，按物业公司指定位置堆放。

（2）物业公司按照相关规定向业户收取装修垃圾外运费及装修管理服务费。（详见装修管理协议）

（3）装修材料顺放在户内，严禁向窗外、楼梯、过道等公共场所抛散、堆放装修垃圾或装修材料。过道上或楼内其他公共部位禁止堆放装修垃圾，如有违反规定者，物业公司有权对其处理。

（4）若搬运装修材料或装修垃圾时，对墙面造成大的划痕或损坏公共设施，业户应负全部责任。

7．违章处理

根据情节轻重，物业公司有权按下列方式处理：

（1）责令停工。

（2）停水、停电。

（3）责令恢复原状。

（4）延期退还装修履约金。

（5）赔偿经济损失。

（6）扣除装修履约金。

四、附则

（1）本制度由保安部主持制定，其修改、解释权归保安部所有。

（2）本制度经总经理批准后，自颁布之日起实施。

编制		审核		批准	

制度06：警用器材使用制度

文件名称	警用器材使用制度	编号	
		版本	A／0

一、目的

为加强保安员对警用器材的正确使用，特制定本制度。

二、适用范围

适用于本公司所有警用器材的使用。

三、内容

（1）保证警用器材功能完好，使用正常，由专人统一领用、配发、送检、保养。

（2）对讲机只能提供给部门管理者、当班保安员使用，严禁用作其他用途，特殊情况由保安负责人同意方可。

（3）对讲机严格规定频率，严禁保安员、干部私自拆卸、乱调频率，否则按违纪处理。

（4）对讲机电池充电6小时以上可使用，充电时间不能超过12小时，交班时要用布擦拭机身，并将音量调到适当（清晰听到）位置。

（5）保安员交接班时，应做好对讲机的交接验收工作，发现问题应做好记录，并及时报告部门负责人。

（6）专人领用对讲机自行负责维护保养。

（7）保安员要爱护使用警棍，严禁用警棍嬉戏打闹，或给他人玩耍。

（8）警棍只能由保安员在紧急情况下防卫使用，非当班、执勤人员严禁佩戴和使用。

（9）警棍若提供给他人使用，无特殊情况或保安负责人批准的，严禁将其携带外出，一切责任由提供者负责。

（10）保安员要爱护使用手电筒、雨衣、雨鞋，非晚间或下雨时不得使用，严禁将雨衣、手电筒、雨鞋占为己用。

（11）雨天用过的雨衣、雨鞋要及时用抹布擦拭干净并折叠整齐后交当班负责人保管，使用完毕的手电筒要用布擦拭干净并将电池取出。

（12）交班时对对讲机、警棍、雨衣、手电筒、雨鞋进行检查，并将检查结果记录在《保安员值班记录》上，发现问题及时报告部门负责人。

（续表）

<table>
<tr><td colspan="6">四、附则
（1）本制度由保安部主持制定，其修改、解释权归保安部所有。
（2）本制度经总经理批准后，自颁布之日起实施。</td></tr>
<tr><td>编制</td><td></td><td>审核</td><td></td><td>批准</td><td></td></tr>
</table>

制度07：谋杀事件处理制度

<table>
<tr><td rowspan="2">文件名称</td><td rowspan="2">谋杀事件处理制度</td><td>编号</td><td></td></tr>
<tr><td>版本</td><td>A／0</td></tr>
<tr><td colspan="4">一、目的
为加强对谋杀事件的处理，特制定本制度。
二、适用范围
适用于对本公司小区内发生谋杀事件的处理。
三、内容
（1）全体保安队应以保护辖区及业户的生命财产为己任，如发现谋杀案应立即报告保安队长、物业经理或上级部门负责人及公安机关。
（2）维护现场，劝令闲人迅速离开，等待警察和医生到来。
（3）阻止一切无关人员进入现场，并且保护好现场。
（4）如发现凶手要奋力擒拿。
（5）全力协助警察的工作，如有目击提供或传闻证据在握，在物业经理或相关负责人的同意后可提供有关人员资料。
（6）不要干预事件现场，记录一切细节，包括发现时间、目击证人等。
（7）恰当地运用一些技巧阻止无关人员拍摄有损物业公司声誉的照片。
（8）在停车场安排好有关单位车辆的停放，登记有关人员的姓名、单位、车牌号码及抵达时间。
（9）如公安机关提取被害者的财务，保安员有权要求其给予清单的复印件本，若被害人及亲属问及，可予恰当答复。
（10）保安队长须书面报告物业经理有关事件的过程及处理情况。</td></tr>
</table>

（续表）

四、附则 （1）本制度由保安部主持制定，其修改、解释权归保安部所有。 （2）本制度经总经理批准后，自颁布之日起实施。					
编制		审核		批准	

制度08：抢劫事件处理制度

文件名称	抢劫事件处理制度	编号	
		版本	A/0

一、目的

为加强对抢劫事件的处理，特制定本制度。

二、适用范围

适用于本公司对小区内抢劫事件的处理。

三、内容

（1）在辖区范围内，如抢劫者携带武器，保安员应迅速报告保安队长、物业经理或上级部门负责人及公安机关。

（2）发现抢劫者配有汽车或摩托车应记录下车牌号码、颜色、车辆型号、人数及性别，当其逃跑时，应紧密跟踪，详细记录一切情况。

（3）保安员要保持头脑清醒，注意观察抢劫者的面貌、衣着及明显特征，看准时机奋力擒拿罪犯。

（4）警察抵达后要全力协助进行搜查，对犯罪分子留下的一切物品不要移动，并维护好现场。

（5）劝令围观者迅速离开，给警车或救护车疏通道路。

（6）保安员应联系救护车及时将业户送往医院。

（7）保安队主管（队长）就全部事件过程书面呈报物业经理或上级部门负责人。

四、附则

（1）本制度由保安部主持制定，其修改、解释权归保安部所有。

（2）本制度经总经理批准后，自颁布之日起实施。

编制		审核		批准	

制度09：盗窃等破坏事件处理制度

文件名称	盗窃等破坏事件处理制度	编号	
		版本	A／0

一、目的

为加强对物业安全管理，提高盗窃等破坏事件的处理效率，特制定本制度。

二、适用范围

适用于本公司对小区内盗窃等破坏事件的处理。

三、内容

（1）巡查发现或接报大厦内有人盗窃，应马上抓获现场嫌疑人。如力量不够，用对讲机、消防电话或其他通信方式尽快报告大厦监控中心，简单说明现场情况，并监视现场，等待监控中心的指令。

（2）监控中心接报后，应迅速派适当数量的保安人员到场制止，设法抓获肇事者，并将其带往保安管理中心调查处理。

（3）事件中如有财产或人员受到损害，应拍照或录像，并保护现场，留下目击者做详细调查，以明确责任、落实赔偿。

（4）如涉及刑事责任，应交派出所立案处理。

四、附则

（1）本制度由保安部主持制定，其修改、解释权归保安部所有。

（2）本制度经总经理批准后，自颁布之日起实施。

编制		审核		批准	

第二节　物业安全专项表格管理

物业安全管理表格主要用于对安全管理的各项工作、信息进行记录，如交接班记录主要用于保安员的交接班事项的记录。这些记录对于物业公司而言非常重要，在投诉或有治安案件发生时，完整的记录将是为物业公司作辩护的最好证据，所以，一定要要求所有的保安人员认真地予以记录，记录的信息要完整，同时，要保存一定的期限。

表格01：保安员交接班记录表

保安员交接班记录表

年　　月　　日

班次时间	早班8:00～16:00		中班16:00～24:00		晚班24:00～8:00	
交接班	交班人		交班人		交班人	
	接班人		接班人		接班人	
值班情况记录						
值班器械						
领导查阅						

表格02：保安主管每日巡查记录表

保安主管每日巡查记录表

年　　月　　日

时间	岗位	违规人姓名	违规情况	处理结果	备注
保安主管每日工作总结	签名： 年　月　日				

表格03：治安报案登记表

治安报案登记表

单位：　　　　　　　　　　　　　　编号：　　　　　　　　　　填写日期：　　年　　月　　日

<table>
<tr><td rowspan="2">报告人</td><td>姓名</td><td></td><td>性别</td><td></td><td>年龄</td><td></td><td>工作单位</td><td colspan="3"></td></tr>
<tr><td>住址</td><td colspan="5"></td><td>报案时间</td><td></td><td>报案方式</td><td></td></tr>
<tr><td colspan="2">案发时间</td><td colspan="5"></td><td>案发地点</td><td colspan="3"></td></tr>
<tr><td rowspan="2">被告人或嫌疑人</td><td>姓名</td><td></td><td>性别</td><td></td><td>年龄</td><td></td><td>单位或住址</td><td colspan="3"></td></tr>
<tr><td>特征</td><td colspan="9"></td></tr>
<tr><td colspan="2">简要案情</td><td colspan="9"></td></tr>
<tr><td colspan="2">受害情况、损失物品数量等</td><td colspan="9"></td></tr>
<tr><td colspan="2">处理情况</td><td colspan="9"></td></tr>
<tr><td colspan="2">备　　注</td><td colspan="9"></td></tr>
</table>

秩序管理部经理：　　　　　　　　保安主管：　　　　　　　　填表人：

表格04：出入证（临时）申请表

出入证（临时）申请表

单元：　　　　　　　　　　　　　　申请人姓名：

申请理由：　　　　　　　　　　　　　　　　　　　　　　　　年　　月　　日

编号	姓名	地址	联络电话

表格05：小区外来人员“临时出入证”样本

小区外来人员“临时出入证”样本

编号：

<table>
<tr><td>姓名</td><td></td><td>工种</td><td></td><td rowspan="2">照片</td></tr>
<tr><td>施工单位</td><td colspan="3"></td></tr>
<tr><td>装修业户地址</td><td colspan="3"></td><td rowspan="2">物业公司
签章</td></tr>
<tr><td>有效期</td><td colspan="3">年　月　日至　年　月　日</td></tr>
</table>

发证日期：　年　月　日

表格06：小区来访人员登记表

小区来访人员登记表

日期	来访人姓名	性别	所持证件类别	证件号码	事由	人数	进入时间	被访人楼座、房号	记录人签字	备注

表格07：物品搬运放行条

物品搬运放行条

年　　月　　日

业户姓名		搬离原因	□装修完成　□承租期满 □另行居住　□其他	
业户房号				
搬运日期		证件号码	房屋性质	
申办人			□租用	□自用

序号	物品名称	数量	规格、型号	备注

搬运车辆资料					
车牌号码		车型		颜色	
司机驾驶证号		档案编号			
发证机关		其他证号		保安员签名	
备注					

表格08：报刊、邮件收发登记表

报刊、邮件收发登记表

收件人住址	收件人姓名	邮件种类及编号	收件时间	代收人签名	签收时间	领件人签名	备注

表格09：停车场巡查记录表

停车场巡查记录表

日期	班/次	检查时间	车辆停放数	机动车辆检查情况				消防设施检查情况			值班员	备注
				车牌号	外观损坏	门窗未关	其他	消火栓	灭火器	其他		

说明：

1．每班对停车场的全面巡查至少4次。

2．发现车辆有损坏、门窗未锁闭、车内有箱包等情况时，应立即填写“停车场车辆检查处理记录表”。

3．发现消防设施有异常情况应立即填写“故障通知单”，物业公司立即作出处理。

4．实行首接责任制，本班发现的问题由本班负责跟进。

5．要求统计准确，记录完整。

表格10：车辆出入登记卡

车辆出入登记卡

日期	车号	进入时间	值班员	日期	离开时间	值班员

说明：

1．此卡仅作为车辆出入凭证。为了您的车辆安全，请随身携带。

2．车辆进入辖区请按车位停放，停放时间超过30分钟，按有关规定收取停车费，月卡除外，此卡由××物业管理有限公司盖章生效。

表格11：保安员训练记录表

保安员训练记录表

部门：　　　　　　　　　　　　　　　　　　　　　　　　　　　　年　　月

<table>
<tr><td>训练内容</td><td colspan="6"></td></tr>
<tr><td>教练员</td><td colspan="3"></td><td>训练时间</td><td colspan="2"></td></tr>
<tr><td rowspan="4">训练人员签到</td><td>姓名</td><td>时间</td><td>姓名</td><td>时间</td><td>姓名</td><td>时间</td></tr>
<tr><td></td><td></td><td></td><td></td><td></td><td></td></tr>
<tr><td></td><td></td><td></td><td></td><td></td><td></td></tr>
<tr><td></td><td></td><td></td><td></td><td></td><td></td></tr>
<tr><td>训练小结</td><td colspan="6"></td></tr>
<tr><td>应到人数</td><td></td><td rowspan="2">缺席人数及原因</td><td colspan="4" rowspan="2"></td></tr>
<tr><td>实到人数</td><td></td></tr>
<tr><td>备注</td><td colspan="6"></td></tr>
</table>

审核：　　　　　　　日期：　　　　　　　归档：　　　　　　　日期：

第二章 消防安全专项管理

消防安全管理更是物业公司时刻要警惕的重要工作，因为一旦发生消防事件，例如火灾，会给业户的生命财产带来重大损失，同时也会给物业公司的财产和声誉造成重大影响。

第一节 消防安全专项制度管理

消防工作重在预防，要做好预防工作就必须建立消防管理制度。产生火灾的原因大多是由于疏于管理，没有建立起严格的管理制度，或者有相关制度却不能认真执行，麻痹大意。本节提供物业小区消防管理的制度范本供参考。

制度01：消防安全宣传培训制度

文件名称	消防安全宣传培训制度	编号	
		版本	A／0

一、目的

为有效地保证小区消防安全，提高员工消防意识和技能，特制定本制度。

二、适用范围

适用于本公司小区对消防安全的宣传培训。

三、内容

（1）每年以创办消防知识宣传栏、开展知识竞赛等多种形式，提高全体员工的消防安全意识。

（2）定期组织员工学习消防法规和各项规章制度，做到依法治火。

（3）各部门应针对岗位特点进行消防安全宣传培训。

（4）应对消防设施维护保养和使用人员进行实地演示和培训。

（续表）

(5) 对新员工进行岗前消防培训，经考试合格后方可上岗。 (6) 因工作需要员工换岗前必须进行再宣传培训。 (7) 消防控制中心等特殊岗位要进行专业培训，经考试合格，持证上岗。 **四、附则** (1) 本制度由保安部主持制定，其修改、解释权归保安部所有。 (2) 本制度经总经理批准后，自颁布之日起实施。					
编制		审核		批准	

制度02：灭火器管理制度

文件名称	灭火器管理制度	编号	
		版本	A／0
一、目的 为确保管辖区内公共区域灭火器材的完整性，特制定本制度。 **二、适用范围** 适用于本公司小区内的灭火器管理。 **三、内容** 1．职责 保安部负责辖区内公共区域灭火器材的登记、标示定位、检查、维护、保养工作。 2．灭火器材管理规定 (1) 物业公司应按照各级职责对辖区内公共区域的灭火器材实施管理，做到灭火器材无丢失、无漏、无堵、无锈、无尘、无失灵、无过期，使灭火器材始终处于良好备用状态。 (2) 物业公司应对辖区内公共区域的灭火器材进行登记、标示、定位及统计，并将登记、标示、定位情况填入“灭火器登记表”内。“灭火器登记表”在物业公司作为台账存档备查。 (3) 物业公司在每季度最后一个月的25日前对灭火器材进行一次定期检查，并将检查情况填入“检查标示”；对过期、失效的灭火器应重新进行充装或更新，并将充装			

（续表）

或更新日期分别记录在“检查标示”和“灭火器登记表”上。“灭火器登记表”与“检查标示”上的充装或更新日期应保持一致。 （4）物业公司应根据每次灭火器定期检查情况，对过期、失效的灭火器及在扑救火灾过程中已使用过的灭火器，及时制订灭火器补充购置计划上报补充。 3．灭火器的定位 灭火器的定位应根据楼层的实际情况，固定放置在电梯间、楼梯间或安全疏散通道显眼易取的部位，但不可堵塞通道。 4．灭火器检查要求 （1）灭火器外观应保持无锈、无尘、无漏、无堵。 （2）灭火器压力表指针指示在正常范围内，无失灵。（注：指针指示在绿、黄两区范围内为正常，在红区为失灵。） （3）核对灭火器出厂日期及有效期，看是否过期。 （4）核对灭火器是否在位，有无丢失。 （5）确保灭火器前未堆放杂物。 **四、附则** （1）本制度由保安部主持制定，其修改、解释权归保安部所有。 （2）本制度经总经理批准后，自颁布之日起实施。					
编制		审核		批准	

制度03：监控中心工作制度

文件名称	监控中心工作制度	编号	
		版本	A／0
一、目的 为明确当班保安员的工作范围和巡查、记录要求，保证消防设备时刻处于正常工作状态，特制定本制度。 **二、适用范围** 适用于本公司小区内的监控中心。			

（续表）

三、内容 1．职责 （1）监控中心保安员负责消防设备的监护和对异常故障报警的处理。 （2）接收到真实火灾报警时，在向消防机关准确报警的同时，迅速通知物业公司领导及所有人员启用消防设施、器材进行火灾扑救。 （3）监控中心工作制度、工作流程等要统一挂到墙面上。 （4）专职或兼职消防员负责对当班工作进行督导和检查。 2．接班人员 （1）认真听取交班人员对设备运作情况的报告。 （2）查看上一班“监控中心当班记录”的情况。 （3）检查设备显示情况是否正常，钥匙及工具、用具是否齐全、完好，并在“监控中心当班记录”上签名。 3．下列情况不准交接班 （1）上一班运行状况未交代清楚、记录不清楚、值班室不清洁及工具、用具不齐，不进行登记说明。 （2）接班人员未到岗接班，交班人员不准下班。 （3）接班人员有特殊情况而未能找到代班人时。 （4）严禁在处理故障过程中交接班，若在交接班时突然发生故障，应停止交接，由交班人员负责处理，接班人员协助。 4．工作要求 （1）当班人员必须熟悉区域各栋大楼的情况，熟记报警控测器显示的各个区域及实际位置。 （2）实行24小时当班制，如特殊情况需要调班时，必须事前报请班长或上级主管同意，方可执行。 （3）当班人员遇到无法处理的故障，应及时报告班长或上级主管，同时告知工程主管组织处理。 （4）禁止用消防专用电话与朋友通话聊天，杜绝打声讯电话。 （5）禁止在工作室吸烟、生火做饭、喝酒、打闹，禁止非当班人员进入值班室。 （6）禁止在正常情况下关掉主机或利用屏蔽办法将报警控测器进行全区屏蔽，导致不能接收报警。

（续表）

四、附则 （1）本制度由保安部主持制定，其修改、解释权归保安部所有。 （2）本制度经总经理批准后，自颁布之日起实施。					
编制		审核		批准	

制度04：消防设备设施维修保养监管制度

文件名称	消防设备设施维修保养监管制度	编号	
		版本	A／0

一、目的

为确保物业管辖区域内公共消防设备设施维修保养监管规程，特制定本制度。

二、适用范围

适用于本公司小区内消防设备设施的维修保养监管。

三、内容

1．职责

（1）物业公司根据“供方管理”确定消防设备设施维护保养分包方，并对分包方的日常维修保养工作实施跟踪检查。

（2）物业公司负责对消防设备设施维护保养的日常管理和检查考核。

2．公共消防设备设施系统日常管理

（1）每月应对报警控制系统进行试运行显示检查（包括分区显示盘），如有不显示及不能消除等应及时处理，并做好运行记录。

（2）物业公司对分包部分的日常维修保养工作的跟踪检查，按照与分包方签订的“消防设备设施维修保养合同”执行。

（3）物业公司应按各级职责管理好所辖区域的公共消防设备设施，包括火灾自动报警系统（含联动柜）、火灾自动灭火系统、自动气体灭火系统、防排烟系统等。做到消防设备设施无漏、无堵、无失灵现象，使消防设备设施始终处于良好备用状态。

（4）物业公司遇到消防设备设施的日常管理中出现的技术问题或故障，应及时进行处理；不能自行处理的，应及时通知分包方或相关业务技术部门到场协助处理。

（续表）

3．消防设备设施系统检查内容

（1）消火栓箱体、玻璃、门锁及消火栓阀门漏水情况。

（2）水带、水枪及其配件齐全、绑扎牢固。

（3）手动报警器（含玻璃、小锤及接地线）齐全、完好。

（4）消防斧、疏散指示标志、事故应急照明齐全、完好。

（5）分包维修保养合同范围以外的水喷淋管道放水排气试验。

4．检查周期及要求

（1）按照上述规定的检查内容进行日常运行检查，发现问题及时通知分包方提出整改意见。

（2）水喷淋管道放水排气试验，每月一次。

（3）烟感报警系统、防排烟系统、防火卷帘门、消防应急广播系统与总控联动情况的抽查，每月分层抽查一次，每年全面检查一次，物业公司保安部门、分支机构主管单位配合。

5．质量要求

确保各项消防设备设施完好率达到公司下达的安全责任目标。

6．督促检查

物业经理每月对维护检查记录进行检查，发现记录上未处理的问题，应到现场核实：

（1）属于业户的问题，下发整改通知书。

（2）属于物业公司内部的问题，协调相关主管部门共同解决。完成后在受理栏内签字，并注明处理日期。

7．分析改进

物业公司根据设备设施实际运行情况，结合规定的工作频率进行分析论证，做好相应调整和纠正工作。

四、附则

（1）本制度由保安部主持制定，其修改、解释权归保安部所有。

（2）本制度经总经理批准后，自颁布之日起实施。

编制		审核		批准	

制度05：安全疏散设施管理制度

<table>
<tr><td rowspan="2">文件名称</td><td rowspan="2">安全疏散设施管理制度</td><td>编号</td><td></td></tr>
<tr><td>版本</td><td>A／0</td></tr>
<tr><td colspan="4">

一、目的

为有效地保证安全疏散设施的管理，特制定本制度。

二、适用范围

适用于本公司对小区内安全疏散设施的管理。

三、内容

（1）物业公司应保持小区各处疏散通道、安全出口畅通，严禁占用疏散通道，严禁在安全出口或疏散通道上安装栅栏等影响疏散的障碍物。

（2）应按规范设置符合国家规定的消防安全疏散指示标志和应急照明设施。

（3）应保持防火门、消防安全疏散指示标志、应急照明、机械排烟送风、火灾事故广播等设施处于正常状态，并定期组织检查、测试、维护和保养。

（4）严禁在营业或工作期间将安全出口上锁。

（5）严禁在营业或工作期间将安全疏散指示标志关闭、遮挡或覆盖。

四、附则

（1）本制度由保安部主持制定，其修改、解释权归保安部所有。

（2）本制度经总经理批准后，自颁布之日起实施。

</td></tr>
<tr><td>编制</td><td></td><td>审核</td><td></td></tr>
</table>

编制		审核		批准	

制度06：防火巡查、检查制度

<table>
<tr><td rowspan="2">文件名称</td><td rowspan="2">防火巡查、检查制度</td><td>编号</td><td></td></tr>
<tr><td>版本</td><td>A／0</td></tr>
<tr><td colspan="4">

一、目的

物业公司为加强小区消防安全管理，特制定本制度。

二、适用范围

适用于本公司小区的防火巡查、检查。

</td></tr>
</table>

（续表）

三、内容 （1）落实逐级消防安全责任制和岗位消防安全责任制，落实巡查检查制度。 （2）消防工作由保安部门主管，保安部门每日应对公司进行例行防火巡查。每月对公司进行一次全面防火检查，对检查中发现的问题要及时解决。 （3）检查中发现火灾隐患，保安员应填写防火检查记录，并按照规定，要求有关人员在记录上签名。 （4）各部门负责人每日应检查消防安全情况，若发现本公司存在火灾隐患，应及时整改。 （5）对检查中发现的火灾隐患未按规定时间及时整改的，根据奖惩制度予以处罚。 四、附则 （1）本制度由保安部主持制定，其修改、解释权归保安部所有。 （2）本制度经总经理批准后，自颁布之日起实施。

编制		审核		批准	

制度07：临时动火作业审批制度

文件名称	临时动火作业审批制度	编号	
		版本	A／0

一、目的

为有效地保证业户的安全，加强临时动火的管理，特制定本制度。

二、适用范围

适用于本公司小区内的临时动火作业审批。

三、内容

1．必须办理动火作业的施工手续

凡在小区（大厦）内的任何部位需动火作业时，必须办理动火申请手续。

2．审批

（1）承担施工动火的单位，必须在动火前向物业公司领取“临时动火申请表”，详细说明动火的事由、动火部位、起止时间、范围、采取的防范措施，经消防监管员检验后负责审批。

（续表）

（2）大型动火作业要经公安局消防支队防火科同意，领取动火许可证后方可动火。 3．动火施工安全规定 （1）动火施工人员必须遵守动火作业安全规定，动火前要清理现场，保证周围无易燃品，配有一定数量的灭火器材。 （2）用电焊机作业的焊机地线不得接在易燃易爆的设备或管道上。 （3）在动火作业的过程中，发生事故时，必须马上采取措施处理，并及时报告小区（大厦）监控中心（电话：×××××××××）。 （4）施工人员须将动火许可证随身携带，以备检查。 （5）违反规定的处罚。凡违背本规定的动火单位或个人，根据情节分别给予批评教育，赔偿经济损失，处以罚款；情节严重者依法追究法律责任。 **四、附则** （1）本制度由保安部主持制定，其修改、解释权归保安部所有。 （2）本制度经总经理批准后，自颁布之日起实施。

编制		审核		批准	

制度08：火灾隐患整改制度

文件名称	火灾隐患整改制度	编号	
		版本	A／0

一、目的

为有效地保证物业的安全，加强对火灾隐患的管理，特制定本制度。

二、适用范围

适用于本公司小区内的火灾隐患整改管理。

三、内容

（1）各部门对存在的火灾隐患应当及时予以消除。

（2）在防火安全检查中，应对所发现的火灾隐患进行逐项登记，并将隐患情况书面下发各部门限期整改，同时要做好隐患整改情况记录。

（3）在火灾隐患未消除前，各部门应当落实防范措施，确保隐患整改期间的消防安全，对确无能力解决的重大火灾隐患应当提出解决方案，及时向公司消防安全责任人报告，并由上级主管部门向当地政府报告。

（续表）

（4）对公安消防机构责令限期整改的火灾隐患，应当在规定的期限内改正并写出隐患整改的复函，报送公安消防机构。 **四、附则** （1）本制度由保安部主持制定，其修改、解释权归保安部所有。 （2）本制度经总经理批准后，自颁布之日起实施。

编制		审核		批准	

第二节　消防安全专项表格管理

任何工作都应留下记录以便于追溯，消防安全管理也不例外。物业公司应制定规范的表格来记录消防安全管理的各个方面，这些记录在消防部门对物业公司进行检查时，或者物业公司因区域内发生火灾被追究责任时都能起到相关作用。

表格01：义务消防队队员名单

义务消防队队员名单

部门：

序号	姓名	岗位/职务	部门	序号	姓名	岗位/职务	部门
备注： 1．本表需根据人员变更情况进行适时更新。 2．本表的审批日期之前的名单作废。							

审批/日期：　　　　　　　　拟制/日期：　　　　　　　　归档/日期：

表格02：紧急联系电话一览表

紧急联系电话一览表

部门：

序号	部　门	电话号码	主要负责人	备　注

审核：　　　　　　　　日期：　　　　　　　　拟制：　　　　　　　　日期：

表格03：重点安全防火部位登记表

重点安全防火部位登记表

部门：

序号	安全防火位置	所属单位	单位负责人联系电话	重点防火原因	备注
说明：本表根据部门实际情况，及时调整物业的重点防火部位。					

审核：　　　　　　　　日期：　　　　　　　　拟制：　　　　　　　　日期：

表格04：客户主要联系人名单

客户主要联系人名单

部门：

序号	确定日期	客户姓名（名称）	物业所在位置	联系人	联系电话	变更记录	备注
说明：本表根据各区域联系人的变更情况，及时更新此表。							

审核：　　　　日期：　　　　拟制：　　　　日期：

表格05：临时动火作业申请表

临时动火作业申请表

年　月　日

单位		地址		动火负责人	
动火作业起止时间			动火部位		
动火作业安全措施：					
施工单位负责人意见：					
消防执行人意见：					
物业公司主任意见：					
巡查记录：					

表格06：灭火器登记表

灭火器登记表

年　　月　　日

瓶身编号	存放部位	规格型号	购置日期	充装或更换日期				备注
				第1次	第2次	第3次	第4次	
物业名称		项目负责人			检查人			

表格07：灭火器配置统计表

灭火器配置统计表

年　　月　　日

配置区域			防火责任人	
序号	类型	规格	数量	备注

消防主管：　　　　审核人：　　　　制表人：

表格08：消防巡查记录表

消防巡查记录表

班次：　　　　　　　　　　　　　　　　　　　　　　年　月　日

时间	地点	异常情况记录	处理措施	备注

主管：　　　　　　　　　　　　　　　巡查员：

表格09：消防设备设施巡查记录表

消防设备设施巡查记录表

编号：　　　　　　　　　　　　　　　　　日期：　年　月　日

检查项目	时间	地点	异常情况	巡查人员	备注
消火栓					
应急灯					
通道					
烟感器					
报警按钮					
正压送风门					
电井门					
防火门					
班长检查	签名：　　年　月　日				
消防主管审查	签名：　　年　月　日				
说明： 1．“异常情况”一栏，一切正常时填“无”；有异常时简要描述异常情况。 2．“备注”栏，当有异常情况时，巡查人员填写对异常的处理措施。					

表格10：消防隐患整改月度汇总表

消防隐患整改月度汇总表

月份：

整改通知书编号	整改通知下达时间	隐患部位	隐患摘要	消防责任人	整改完成时间	检查人	检查结果

审核人：　　　　　　　　　　　　　　　　制表人：

第三章　物业服务专项管理

为小区业户提供特约、代办、维修等服务是物业公司的常规工作，物业经理要带领公司所有员工做好服务工作，为业户提供更多生活方便，使业户与物业公司之间的关系更为融洽。

第一节　物业服务专项制度管理

客户服务中心具有协调、沟通、公关、服务等职能，是物业管理处对客服务的执行与反馈并提供多种直接服务的部门(岗位)。为使客服中心的各项工作保持连续性、高质量标准，满足24小时提供服务的要求，必须制定相应的管理制度来加以约束。

制度01：客户服务值班制度

文件名称	客户服务值班制度	编号	
		版本	A／0

一、目的

为加强物业公司与业户的联系，及时为业户排忧解难，体现物业管理的规范化特点，特制定本制度。

二、适用范围

适用于本公司客户服务值班工作。

三、内容

客户服务值班工作由物业公司客户服务中心负责，物业公司应设立固定的办公地点、值班电话，并广为宣传，方便业户来访。

客户服务值班不仅包括正常上班时间，星期六、星期日及节假日，也应由物业公司安排人员值班；其他时间（晚上）可不在办公室值班，但必须由专人负责接听值班电话，保证24小时有人员值班。

（续表）

（1）值班人员上班时必须身着工装、佩戴工作证，以便接受客户监督；必须坚守自己的工作岗位，不得看报、闲聊，不得做与本职工作无关的事情。 （2）值班人员应热情礼貌、周到、主动、高效服务客户。将接待事项填写在值班记录本上，能立即处理的应及时处理；不能立即处理的，也应在规定的时效内处理；属投诉的，应按投诉处理有关工作规程进行处理。 **四、附则** （1）本制度由客户服务中心主持制定，其修改、解释权归客户服务中心所有。 （2）本制度经总经理批准后，自颁布之日起实施。					
编制		审核		批准	

制度02：客户来电、来访接待工作制度

文件名称	客户来电、来访接待工作制度	编号	
		版本	A／0

一、目的

为给小区业户提供良好的服务，体现物业管理专业化、规范化、一体化的管理服务特点，特制定本制度。

二、适用范围

适用于本公司客户服务中心的来电、来访接待工作。

三、内容

（1）物业公司客户服务中心前台接待员通过业户来电、来访、来信以及现场当班保安员等各种形式接收信息，并记录于“客户来电、来访登记表”上。

（2）前台接待员根据实际信息或对记录信息经过分析，并按以下类型分别处理：

①事务咨询：能当场回答的立即进行回复；如需要转由其他部门答复的，及时转交其他部门答复。

②事务求助：进行详细记录后根据服务项目的范围安排人员提供帮助。

③有偿服务需求：根据有偿维修服务的有关工作规程进行处理。

④建议与意见：根据所反映的情况，经过分析后能及时处理的安排人员及时处理，暂不能处理的及时向上级领导汇报。

⑤投诉：按照“客户投诉处理程序”进行处理。

（续表）

（3）接待记录事件的处理结果要跟踪，确保不漏掉，并将处理结果登记在“客户来电、来访登记表”上。 （4）在处理来电、来访时，要热情礼貌、主动、及时；要坚持原则、突出服务，不得推诿、扯皮、推卸责任及为难业户，不得乘机索取好处、利益等；在处理完毕后将结果及时反馈给业户。 （5）接待员应认真负责做好本职工作，为业户提供满意的服务，减少业户的投诉、批评与意见，将业户的不满消除在投诉之前。 **四、附则** （1）本制度由客户服务中心主持制定，其修改、解释权归客户服务中心所有。 （2）本制度经总经理批准后，自颁布之日起实施。					
编制		审核		批准	

制度03：门禁IC卡管理及授权登记制度

文件名称	门禁IC卡管理及授权登记制度	编号	
		版本	A／0
一、目的 为加强小区的治安管理，规范对业户IC卡及门禁卡的管理工作，保障业户利益，特制定本制度。 **二、适用范围** 适用于本公司小区门禁IC卡管理及授权管理。 **三、内容** 1．IC卡管理原则 （1）IC卡只为本小区的业户及经业户确认的其他常住人员办理。 （2）办理IC卡必须由业户亲自办理或委托人凭业户的书面委托办理。 （3）IC卡作为进入小区或会所的身份识别。 （4）IC卡只限本人使用，不得转借。 2．IC卡办理程序 业户及其直系亲属在第一次申办IC卡时，业户需提供身份证复印件、2寸彩照两张。			

（续表）

3．IC卡取卡程序 业户领卡需在“领卡登记表”上签字确认，注明日期。 4．门禁IC卡授权登记规定 （1）业户来物业公司办理IC卡，首先查看资料，看此户配备几张IC卡并查看卡号，在放卡盒里查找对应的卡号，并请业户在“IC卡领用记录”上签名确认。 （2）如业户丢失或多办卡，将新卡号进行记录，收费30元/张，请业户签字确认。 （3）进入门禁一卡通系统，点击登录中的操作系统，出示刷读授权IC卡。 （4）IC卡发行，先刷读新的IC卡，选择开门卡类，设置时间（有效期一般为两年），输入业户姓名及有效门禁号。 **四、附则** （1）本制度由客户服务中心主持制定，其修改、解释权归客户服务中心所有。 （2）本制度经总经理批准后，自颁布之日起实施。					
编制		审核		批准	

制度04：客户服务中心首问负责制度

文件名称	客户服务中心首问负责制度	编号	
		版本	A／0
一、目的 为规范客户服务工作，提高客户服务质量，特制定本制度。 **二、适用范围** 适用于本公司客户服务中心全体员工。 **三、内容** （1）小区业户到中心来办事，第一个接待的工作人员为首问责任人。 （2）首问责任人对属于自己职责范围内的事，应在规定的时限内予以受理、处理；对不属于自己职责范围内的事情，要负责介绍到相关窗口，直接落实具体接待人员。 （3）遇有相关窗口工作人员不在或有事外出时，首问责任人要负责接待，并尽快联系具体承办人员。 （4）相关窗口对首问责任人转办的事项，必须及时认真办理。			

（续表）

四、附则 （1）本制度由客户服务中心主持制定，其修改、解释权归客户服务中心所有。 （2）本制度经总经理批准后，自颁布之日起实施。					
编制		审核		批准	

制度05：业户事务代理制度

文件名称	业户事务代理制度	编号	
		版本	A／0

一、目的

为提升小区物业服务工作质量，特制定本制度。

二、适用范围

适用于公司为业户事务代理的管理业户事务代理工作。

三、内容

（1）申请人填写《代理服务委托书》，窗口工作人员受理申请后，明确告知该事项的办理程序和时限。

（2）受理人为代理责任人，对所受理的事项要积极与上级行政服务中心或部门联系，在规定时限内代理办结。

（3）对不便到客户服务中心办事的老弱病残者，中心工作人员负责上门审核业户提供的办件材料，并提供代理办理服务。

（4）客户服务中心在社区设立服务代理点，负责将业户要求代办的事项报送客户服务中心办理。

（5）所有的代理服务事项都要填写服务意见反馈表，由申请人对办理结果予以确认，作出是否满意的评价。

四、附则

（1）本制度由客户服务中心主持制定，其修改、解释权归客户服务中心所有。

（2）本制度经总经理批准后，自颁布之日起实施。

编制		审核		批准	

制度06：限时办结制度

<table>
<tr><td rowspan="2">文件名称</td><td rowspan="2">限时办结制度</td><td>编号</td><td></td></tr>
<tr><td>版本</td><td>A／0</td></tr>
<tr><td colspan="4">

一、目的

为提升小区物业服务工作质量，结合小区居住人口较多的特点，便于业户日常申请事项的需要，凡进入客户服务中心的事项，都应明确办理时间，特设定限时办结制度。

二、适用范围

适用于本公司客户服务中心的限时办结工作。

三、内容

（1）凡进入客户服务中心的事项，都应有明确的办结时间。

（2）业户提出的申请事项，可当场办结的，办事人员要即收即办，一般在30分钟内办结。

（3）申请事项不能当场办结的，办事人员要根据办理时限（一般办理时限为3～5日）规定，出具承诺办结通知单，并在承诺的时限内办结。

（4）申请事项属于转报、上报审批的，承办责任人应尽快与上级主管部门联系，负责全过程办理，并承诺办理时限。

（5）对申请事项不符合政策规定的，工作人员应及时作出解释，按规定出具不予办理通知书。

四、附则

（1）本制度由客户服务中心主持制定，其修改、解释权归客户服务中心所有。

（2）本制度经总经理批准后，自颁布之日起实施。

</td></tr>
</table>

编制		审核		批准	

制度07：客户走访工作制度

<table>
<tr><td rowspan="2">文件名称</td><td rowspan="2">客户走访工作制度</td><td>编号</td><td></td></tr>
<tr><td>版本</td><td>A／0</td></tr>
<tr><td colspan="4">

一、目的

为加强物业公司与业户的密切关系，及时听取业户意见与建议，改进物业管理服务工作，特制定本制度。

</td></tr>
</table>

（续表）

<table>
<tr><td colspan="6">

二、适用范围

适用于公司客服中心对客户的走访工作。

三、内容

1．职责

（1）物业经理：不定期地亲自参与对业户的走访，并负责对其他人员走访的效果进行检查。

（2）客户服务中心：负责对业户走访并记录有关意见与建议。

2．工作程序

（1）客户服务中心结合其他工作，对业户进行走访。

（2）走访内容：与物业管理服务工作有关的治安、清洁绿化、公共设备设施、物业服务费等有关事项的建议与意见。

（3）走访人员应注意礼仪礼貌，并将有关的意见与建议详细记录在“走访情况记录表”上。

（4）收集的业户意见与建议：

①对于一般意见与建议，当场进行回复。

②对于有关投诉事项，经分析有效的按照“客户投诉接待处理工作流程”处理。

（5）客服主管定期将走访意见与建议收集汇总后向物业经理报告。

（6）物业经理每月至少参与一次对部分客户的走访。

四、附则

（1）本制度由客户服务中心主持制定，其修改、解释权归客户服务中心所有。

（2）本制度经总经理批准后，自颁布之日起实施。

</td></tr>
<tr><td>编制</td><td></td><td>审核</td><td></td><td>批准</td><td></td></tr>
</table>

制度08：有偿维修回访制度

<table>
<tr><td rowspan="2">文件名称</td><td rowspan="2">有偿维修回访制度</td><td>编号</td><td></td></tr>
<tr><td>版本</td><td>A／0</td></tr>
<tr><td colspan="4">

一、目的

为给客户生活创造便利，满足室内维修需求，特制定本制度。

</td></tr>
</table>

（续表）

二、适用范围

适用于公司对业户的有偿维修回访工作。

三、内容

1．职责

（1）前台接待员：负责对客户有偿维修的接待、派工和回访。

（2）维修工：按要求进行维修。

（3）客服主管：对客户有偿维修的接待、派工和回访进行指导和监督。

2．作业流程

（1）维修受理：

①前台接待员接到客户报修要求时，及时填写“客户来电、来访登记表”，并填写“服务及回访记录表”，通知维修工。

②维修工接到通知进行维修处理。

（2）维修过程：

①维修工接到维修通知后，在规定时间内赶到现场，并按有关规定进行维修。

②维修工作完成后，按要求填写好“服务及回访记录表”，并请客户在“服务及回访记录表”上签字，收取相应费用后及时交回物业公司财务室，“服务及回访记录表”交回客户服务中心。

（3）维修回访：

①前台接待员根据“服务及回访记录表”，第二天对前一天所有的维修进行回访。

②回访形式：上门回访或电话回访。

③回访内容：服务时间、质量、收费合理性及维修人员态度等，并进行综合评价。

④前台接待员回访完毕后，填写“维修回访记录”，并每月做“维修回访统计表”。如回访发现不合格的维修服务，及时报告客服主管，并由其根据具体情况进行处理。

四、附则

（1）本制度由客户服务中心主持制定，其修改、解释权归客户服务中心所有。

（2）本制度经总经理批准后，自颁布之日起实施。

编制		审核		批准	

第二节　物业服务专项表格管理

客户服务的对象是客户，也就是物业的拥有者业户，为了更好地服务好客户，对客户的基本信息及提供服务过程中的信息必须予以记录，最好运用规范的表格来登记。

表格01：客户来电、来访登记表

客户来电、来访登记表

年　　月　　日

<table>
<tr><td>客户姓名</td><td></td><td>联系电话</td><td>□ 客户保密</td></tr>
<tr><td>客户地址</td><td></td><td>沟通方式</td><td>□ 来访面谈　□ 电话　□ 信函
□ 其他</td></tr>
<tr><td>沟通时间</td><td></td><td>沟通类型</td><td>□ 建议　□ 咨询　□ 质疑</td></tr>
<tr><td>详细内容</td><td colspan="3">

记录人：　　　　时间：</td></tr>
<tr><td>处理过程描述</td><td colspan="3">

记录人：　　　　时间：</td></tr>
<tr><td>反馈情况</td><td colspan="3">

记录人：　　　　时间：</td></tr>
<tr><td>领导审阅</td><td colspan="3">

记录人：　　　　时间：</td></tr>
</table>

备注：客服主管每周抽查，各级领导每季抽查。

表格02：客户回访记录表

客户回访记录表

__________物业公司　　　　　　　　　　年　　月　　日　　时

客户地址		姓名		联系电话		□ 业主　□ 租户
回访情况	回访人签名：					
客户意见 改进情况	跟踪人签名：					

保存期：两年。

表格03：走访情况记录表

走访情况记录表

编号：

被走访业户姓名：　　　　　　联系电话：	
被走访业户详细地址：	
业户 反映情况	业户签章：　　　　年　月　日
存在问题及建议	
处理意见	

走访人签字：　　　　　　　　　　走访时间：

表格04：业主统计表

业主统计表

________物业公司：

房号	业主姓名	联系电话	家庭成员	入住日期	备注

表格05：租住人员信息登记表

租住人员信息登记表

房号	业主及联系方式	租住人姓名	身份证地址及号码	联系方式	入住日期	租住期限	备注

第四章　物业工程专项管理

规范的工程管理是物业公司顺利运作的前提。业户的房屋、设备设施等得到良好地维护、保养，必然会提升客户满意度。

第一节　物业工程专项制度管理

工程部所要管的设备设施涵盖面很广，包括供水、供电、供暖、供气、空调系统、消防系统等，要对之实施有效地管理，必须针对各设备系统制定相应的制度予以规范。同时，为了确保工程部的工作有序进行，保证24小时不间断地有人维护，必须制定一些内部管理制度，如值班、交接班制度，维修服务承诺制度等。

制度01：工程部值班、交接班管理制度

文件名称	工程部值班、交接班管理制度	编号	
		版本	A／0

一、目的

为规范工程部人员值班与交接班管理，确保工作质量，特制定本制度。

二、适用范围

适用本公司工程部所有人员。

三、内容

1．职责

（1）工程部负责收集、登记和维修设备设施。

（2）工程部经理负责监督工程维修职责的履行。

（3）物业经理负责制定公司下属各类工程维修人员的岗位职责，并监督其履行。

2．值班制度

（1）工程部值班人员在值班期间必须坚守岗位，不得擅自离岗、干私事、酗酒、聊

（续表）

天等。

（2）工程部值班人员应处理好本班报修工作，不能处理的应注明原因。发现设备故障应马上排除，如无法处理应及时向主任或值班总负责人反映。

（3）工程部值班人员应按规定巡查设备运行情况，并巡查其他设备、设施状况，发现设备故障应马上排除，如无法处理应及时向主任或值班总负责人汇报。

（4）工程部值班人员认真填写好“机电设备运行日志”和“工程部值班交接班记录表”及其他相关记录。

（5）工程部值班人员不得私自调班，因特殊情况要调班，必须向主任申请。

（6）工程部应严禁无关人员进入值班室和机电设备房及检查各类工具和钥匙等。

3．接班制度

（1）接班人员认真听取交班人员的值班和设备运行情况报告。

（2）查看上一班的值班记录和运行记录及巡查记录等。

（3）检查仪器、工具等物品是否齐全、完好，各机房是否干净整洁。

（4）巡视各设备的运行情况，检查各参数是否正常。

4．交班制度

（1）交班人员必须与接班人员当面交接并签名。

（2）交班人员必须整理好本班的各种运行巡查记录和值班资料等。

（3）交班人员必须详细介绍其值班情况、机器运行情况及存在的未处理问题。

（4）交班人员把所有问题记录必须现场交代清楚，等接班人员确认。

5．不能交接班的情况

（1）上一班运行情况未交代清楚或记录不规范、操作间不整洁。

（2）进行倒闸操作或事故处理过程中。

（3）交接过程中发生故障应停止交接，由交班人员负责处理事故，接班人员协助处理事故。

（4）交班人隐瞒问题不报，造成事故的经查证属实，按本公司相关规定追究责任。

四、附则

（1）本制度由工程部主持制定，其修改、解释权归工程部所有。

（2）本制度经总经理批准后，自颁布之日起实施。

编制		审核		批准	

制度02：危房管理制度

文件名称	危房管理制度	编号	
		版本	A／0

一、目的

为规范危房的管理工作，确保业户的生命财产安全，特制定本制度。

二、适用范围

适用于公司所管辖物业中的危房管理工作。

三、内容

1．危房的定义

危房是指随时有可能倒塌、不能确保使用安全的房屋。

2．危房管理的法规依据

（1）住建部颁布的《危险房屋鉴定标准》。

（2）住建部颁布的《城市危险房屋管理规定》。

3．危房的鉴定

（1）在国家危房鉴定机构前来进行危房鉴定时，物业公司副总经理应组织相关人员全程陪同危房的鉴定，并积极提供危房鉴定所需的房屋档案资料、房屋使用状况以及未来使用趋势等必要资料，以确保危房鉴定的准确性。

（2）鉴定结果不是危房的，鉴定结束后由物业公司工程部主管依据鉴定结果写出专项鉴定报告，后附鉴定机构出具的鉴定结论，由物业经理签字后上报公司长期存档。

（3）鉴定结果是危房的，物业经理应依据鉴定机构出具的危房通知书写成专项报告后，上报公司分管该业务的副总经理审核。

4．危房的管理

（1）物业经理在接到危房通知书后，应在两日内组成危房管理专项小组，确定工程部主管为房屋管理第一责任人。

（2）危房的管理工作按以下要求依据危房通知书严格执行：

①危房通知书要求观察使用的，专项小组应首先对危房采取相应的安全防护措施，然后制定好观察使用期和使用期内的监护措施、要求和检查频次后，方可允许使用人使用。

②危房通知书要求处理使用的，专项小组应立即采取可行措施先行排除房屋的危险点和危险部位，专项加固后再允许使用人使用。

（续表）

四、附则 （1）本制度由工程部主持制定，其修改、解释权归工程部所有。 （2）本制度经总经理批准后，自颁布之日起实施。					
编制		审核		批准	

制度03：设备设施维修制度

文件名称	设备设施维修制度	编号	
		版本	A／0

一、目的

为加强对设备设施的维修管理，特制定本制度。

二、适用范围

适用于公司对设备设施的管理。

三、内容

1．维修服务承诺

（1）维修员工一定要努力学习，不断提高自身的业务技能，以在维修时能准确判断，处理快速。

（2）讲究文明礼貌，注重言行举止，尊重业户，急业户所急。

（3）工作认真细致，讲究卫生，节约材料，损坏东西负责赔偿。

2．零星工程申报与施工管理规定

（1）本物业公司所辖范围内零星工程须尽量做到自检自修，在人力或技术方面确有困难时可申请对外委托施工。

（2）零星工程对外委托施工，须由维修责任人申请，填写“对外委托维修申请单”，由工程部经理组织相关人员现场考察，报公司审批后方可施工。

（3）所有对外委托施工的工程申报同时须做好材料预算、工期预计、所需人工费用及施工开始日期等。

（4）对外包施工单位或个人须考察其技术力量和人员素质，以保证工程质量和工期。

3．业户报修服务管理规定

（1）工程部维修人员从前台接“维修单”或按口头通知接获维修内容。

（续表）

（2）由前台或工程部维修人员预约大致上门维修服务时间；非特殊情况不得超过预约时间10分钟，特殊情况须与业户沟通并取得同意。 （3）工程部经理根据报修内容，安排维修人员的工作。维修人员的安排应以本项专长和上门快捷为原则。 （4）维修人员到达现场后，对报修项目进行确认，并向业户告之收费标准，业户同意后才能开始维修。 （5）上门维修整个过程应注意文明礼貌、现场清洁卫生，移动室内设施须经业户同意。 （6）维修工作完成后，维修人员应清整工作现场，检查试用。按《维修项目收费标准》，在“维修单”上注明各项费用金额，并请业户签名认可。 （7）维修人员在“维修单”中维修情况栏内注明情况，并签上维修人名字，将第一联交业户，第二联交回工程部经理存档，第三联交前台转财务部作为计收服务费用的依据。 （8）月底对维修内容进行统计，填写“工程部有偿服务登记表”，并对维修内容进行抽查回访，统计维修及时率与合格率。 **四、附则** （1）本制度由工程部主持制定，其修改、解释权归工程部所有。 （2）本制度经总经理批准后，自颁布之日起实施。

编制		审核		批准	

制度04：供配电设备设施运行管理制度

文件名称	供配电设备设施运行管理制度	编号	
		版本	A／0

一、目的 为规范供配电设备设施运行管理工作，确保供配电设备设施良好运行，特制定本制度。 **二、适用范围** 适用于公司供配电设备设施的运行管理。

（续表）

三、内容

1．巡视监控

值班电工每天巡视两次高压开关柜、变压器、配电柜、电容柜、电表箱等设备。值班电工应按规定的频次进行检查、巡视、监控，并把每次所到巡视点的时间记录在“供配电设备设施运行日记”上。巡视内容主要如下：

（1）变压器油位、油色是否正常，密封处是否漏油，变压器运行是否超温（85℃）。

（2）有无异常响声或气味。

（3）各种仪表指示是否正常，指示灯是否正常。

（4）单相、三相电压是否在额定值的±10%范围以内，是否超载运行。

（5）各种标示牌、标示物是否完好。

（6）安全用具是否齐全，是否存放于规定位置。

（7）按时开关管辖区域内路灯、灯饰或喷水池，及时维修好辖区内路灯。

2．异常情况处置

发现有人触电时，值班电工应保持镇静，头脑冷静，尽快使触电者脱离电源，并进行紧急抢救：

（1）立即关闭电源开关、拔去插头或熔断器。

（2）用干燥的木棒、竹竿移开电线或用绝缘工具（平口钳、斜口钳等）剪断电线。

（3）用干燥的衣服或绝缘塑料布垫住，将触电者脱离电源。

（4）防止触电者在断电后跌倒。

（5）如果触电者尚未失去知觉，则必须让其保持安静，并立即请医生进行诊治，密切注意其症状变化。

3．供配电室管理

（1）非值班人员不得进入机房，若需要进入，须经运行班长同意，并在值班人员陪同下，方可进入机房。

（2）机房内严禁存放易燃、易爆、危险物品。机房内应备齐消防器材，并禁止吸烟。

（3）每班打扫一次机房的卫生，每周清洁一次机房内和设备设施卫生，做到地面、墙壁、天花板、门窗、设备设施表面无积尘、无油渍、无锈蚀、无污物，油漆完好，整洁光亮。

（4）机房内应当通风良好、光线足够、门窗开启灵活、防小动物设施完好。

（续表）

（5）对机房都应当做到随时上锁，钥匙由当值班电工保管，值班电工不得私自配钥匙。 **四、附则** （1）本制度由工程部主持制定，其修改、解释权归工程部所有。 （2）本制度经总经理批准后，自颁布之日起实施。					
编制		审核		批准	

制度05：中央空调运行管理制度

文件名称	中央空调运行管理制度	编号	
		版本	A／0
一、目的 为规范中央空调运行管理工作，确保中央空调运行良好，特制定本制度。 **二、适用范围** 适用于公司中央空调的运行管理。 **三、内容** 1．巡视监控 工程部人员每隔两小时巡视一次中央空调机组，巡视部位包括：中央空调主机、冷却塔、控制柜（箱）及管路、闸阀等附件。巡视监控的主要内容如下： （1）检查线电压（正常380V，不能超额定值的±10%）。 （2）检查三相电流（三相是否平衡，是否超额定值）。 （3）检查油压（正常10～15千克力/平方厘米）。 （4）检查高压（<12千克力/平方厘米）。 （5）检查低压（>2.5千克力/平方厘米）。 （6）检查中央空调主机运转是否有异常振动或噪音。 （7）检查冷却塔风机运转是否平稳、冷却塔水位是否正常。 （8）检查管道、闸阀是否有渗漏，冷冻保温层是否完好。 （9）检查控制柜（箱）各元器件是否正常、有无异常噪音或气味。			

（续表）

2．中央空调发生制冷剂泄漏时的处置

（1）立即关停中央空调主机，关闭相关的阀门。

（2）加强现场通风或用水管喷水淋浇（应注意不要淋在设备上）。

（3）维护人员应身穿防毒衣，头戴防毒面具进入现场，并要求两人为一组，确保安全。

3．中央空调机房发生水浸时的处置

（1）视进水情况关掉中央空调机组，拉下总电源开关。

（2）堵住漏水源。

（3）如果漏水较大，应立即通知运行班长，同时尽力阻滞进水。

（4）漏水堵住后，应立即排水。

（5）排干水后，应立即对湿水设施设备进行除湿处理，如用干抹布擦拭、热风吹干、自然通风或更换相关管线等。

（6）确认湿水已清除，各绝缘电阻符合要求后，开机试运行，如无异常情况出现则可以投入正常运行。

3．中央空调机房管理

（1）非值班人员不得进入中央空调机房，若需要进入，须经运行班长同意，并在值班人员的陪同下方可进入中央空调机房。

（2）中央空调机房内严禁存放易燃、易爆等危险品。

（3）中央空调机房内应备齐消防器材、防毒用品，并应放置在方便、显眼处。中央空调机房内严禁吸烟。

（4）每班打扫一次中央空调机房的卫生，每周清洁一次中央空调机房内的设备设施，做到地面、天花板、门窗、墙壁、设施设备表面无积尘、无油渍、无锈蚀、无污物，表面油漆完好，整洁光亮。

（5）中央空调机房内应当通风良好，光线足够、门窗开启灵活。

四、附则

（1）本制度由工程部主持制定，其修改、解释权归工程部所有。

（2）本制度经总经理批准后，自颁布之日起实施。

编制		审核		批准	

制度06：维修服务承诺制度

<table>
<tr><td rowspan="2">文件名称</td><td rowspan="2">维修服务承诺制度</td><td>编号</td><td></td></tr>
<tr><td>版本</td><td>A／0</td></tr>
<tr><td colspan="4">
一、目的
为规范维修人员服务，快速优质地完成业户的每一起报修任务，特制定本制度。
二、适用范围
适用于工程部维修服务的管理。
三、内容
（1）维修人员一定要努力学习，不断提高自身的业务技能，以在维修时能判断准确，处理迅速。
（2）讲究文明礼貌，注重言行举止，尊重业户，竭诚为业户服务。
（3）工作认真细致，注意清洁卫生，节约材料，损坏东西负责赔偿。
（4）尽力做到当天的维修任务当天处理完，实在无法完成的必须向业户解释清楚，做到维修及时率达到99%以上，维修合格率达到95%以上。
（5）确保业户用水用电安全正常，按时抄表，维护业户利益，做到有错必纠。
（6）工程部所有员工必须定期参加培训，持证上岗，确保公司所辖物业内所有机电设备处于良好的运行状态。
四、附则
（1）本制度由工程部主持制定，其修改、解释权归工程部所有。
（2）本制度经总经理批准后，自颁布之日起实施。
</td></tr>
</table>

编制		审核		批准	

第二节　物业工程专项表格管理

要对设备设施的运行状况有准确地把握，除了按常规进行维护、巡查外，运用表格将工作信息记录下来是一个很好的方法。同时，表格也可以被运用来跟进工程部各项工作的进度、质量状态，所以，工程部须配备一系列规范的表格。

表格01：房屋主体维修基金适用情况汇报表

房屋主体维修基金适用情况汇报表

类别	数目	备注
可收取基金的总面积	（平方米）	
基金收取额度	（元/平方米）	
本月应收	（元）	
本月支出	（元）	
本月使用率	（%）	
本月维修总单数	（单）	
本月1000元以上维修单数	（单）	
上次结余总数	（元）	
本次结余总数	（元）	
说明：		

制表：　　　　　　　　审核：　　　　　　　　批准：

表格02：房屋及附属设施大修工程验收报告

房屋及附属设施大修工程验收报告

工程名称		合同造价	
工程地点		施工日期	
施工单位		完工日期	
工程内容			
施工单位完工检查意见	签名：　　　　盖章：　　　　年　月　日		

（续表）

物业公司验收意见	验收小组组长签名：　　盖章：　　年　月　日
参与验收人员签名	

表格03：房屋本体维修汇总表

房屋本体维修汇总表

年　月　日

日期	栋号	维修内容	维修金额				申请表编号	备注
			单位	数量	单价	合计		

审核人：　　　　维修主管：　　　　维修人：

表格04：设备设施报修登记表

设备设施报修登记表

年　月

序号	报修时间	报修项目（内容）	报修人/联系电话	记录人	执行单位	备注（注明相关记录）

表格05：设备情况登记表

设备情况登记表

类别：

序号	设备名称	型号规格	设备编号	安装位置	数量	功率	产地	备注

表格06：设备维修申请单

设备维修申请单

<table>
<tr><td>时间</td><td></td><td>地点</td><td></td></tr>
<tr><td>申请人</td><td colspan="3"></td></tr>
<tr><td colspan="4">维修内容：</td></tr>
<tr><td colspan="4">维修方案（包括时间、人工、材料等）：</td></tr>
<tr><td colspan="4">工程部经理：</td></tr>
<tr><td colspan="4">物业经理：</td></tr>
</table>

表格07：设备巡视签到表

设备巡视签到表

日期	早班			中班			夜班				巡视人员	
	签名	时间	设备情况	签名	时间	设备情况	签名	时间	设备情况	卫生情况	签名	时间

表格08：设备大修历史记录表

设备大修历史记录表

年　月　日

设备名称		设备型号		设备编号	
使用单位		安装位置		开始使用日期	
大修历史					
日期	零部件更换及大修记录			维修单号码	记录人

工程管理部经理：　　　　设备主管：　　　　设备管理员：

表格09：维修（服务）任务单

维修（服务）任务单

填单日期：　　年　月　日　　　　　　编号：　　　　　　填单人：

<table>
<tr><td>申报人</td><td></td><td>住址</td><td colspan="3">路　区　栋　房</td></tr>
<tr><td>申报日期</td><td></td><td>预约时间</td><td></td><td>联系电话</td><td></td></tr>
<tr><td>申报内容</td><td colspan="5"></td></tr>
<tr><td colspan="6">维修（服务）完成情况概述：</td></tr>
<tr><td colspan="4" rowspan="3">耗料：

维修人员签名：　　　　日期：　年　月　日</td><td>材料费</td><td></td></tr>
<tr><td>人工费</td><td></td></tr>
<tr><td>共计费用</td><td></td></tr>
<tr><td>财务签名：</td><td>统计签名：</td><td colspan="2">客户签名：</td><td>日期</td><td></td></tr>
<tr><td colspan="2">回访记录：</td><td colspan="2">记录人：</td><td>日期</td><td></td></tr>
</table>

表格10：零修及时率统计表

零修及时率统计表

月份 内容	1月	2月	3月	4月	5月	6月	7月	8月	9月	10月	11月	12月
实际零修项目报修总数												
维修及时的单据数												
零修及时率												
维修合格的单据数												
实施维修的单据数												
零修合格率												
统计人												

（续表）

注：

$$零修及时率=\frac{维修及时的单据数}{实际零修项目报修总数}\times 100\%$$

$$零修合格率=\frac{维修合格的单据数}{实施维修的单据数}\times 100\%$$

表格11：电梯故障维修登记表

电梯故障维修登记表

登记时间	报告人/记录人	故障电梯编号	位置及内容	转呈处理（方式、单位、接受人）	处理结果	完成时间	验证人

第五章　物业收费管理

物业管理是有偿性的服务行业。如果业户有意或无意地拖欠管理费，会使物业公司难以正常运作。物业公司收费人员必须做好管理费收取工作，既要为公司收取全部应收管理费，同时也要避免与业户发生纠纷。

第一节　物业收费专项制度管理

物业管理费的收取与使用，常常是业户诟病问题之一，其实，可以通过规范化的制度来解决这一难题。这方面的制度可以包括物业管理费收取制度、物业维修基金管理制度、房屋主体维修基金使用制度。

制度01：物业管理费收取制度

文件名称	物业管理费收取制度	编号	
		版本	A／0

一、目的

为加强对物业管理费的收取管理工作，特制定本制度。

二、适用范围

适用于对各项物业管理费的收取管理。

三、管理费的收缴程序

1．基本规定

物业公司从业主入住之日起计收管理费。物业公司收费员应于每月5日前将业户上月用水、用电的抄表数据录入收费软件，每月10日前打印出业户上月的物业公司应收费用清单和收费通知单。

物业公司收费员每月10日前向业户发放收费通知单，并视业户的不同情况采取不同的派发方式：

（续表）

（1）一般情况下，管理员可直接将收费通知单投发在业户信箱中。

（2）需要直接送达的，管理员应在两个工作日内送交业户家中，并请业户签收。

（3）需要邮寄的，管理员应贴足邮资，并在两个工作日内到邮局发送。

2．收费

（1）物业公司收费员应于每月银行划款的前一日前将业户上月应缴费数据拷盘送划款银行进行银行托收。

（2）收费员在银行每次托收后的两日内返盘并读取已托收成功的数据，根据托收情况向全额托收的业户出具收款单据，向托收不成功的业户发放催款通知单。

（3）业主未办理银行托收手续或银行托收不成功的，由业主到物业公司用现金或支票支付，收费员实行手动收款，并出具单据，交给业户作为款项收妥的依据。

（4）对每月银行两次托收不成功、也未到物业公司用现金或支票补交的业户，每天按所欠费用的0.5‰的比例收取滞纳金，滞纳金的收取时间从应交之日起到支付之日止。

滞纳金的计算公式：本金×（1+0.5‰）^{n}，n为天数。

（5）物业公司收费员应于每月25日前列出无正当理由欠缴费超过三个月以上的业户名单，物业公司管理员原则上应在规定期限内，将催缴通知单送交业户的手中，并让接收人在回执上签收；特殊情况无法找到联系人的，应将催缴通知单用邮寄的方法寄交业主本人。同时做好送达、邮寄的派发记录，保管好业户签收的回执，并及时将收费情况向部门主管与物业公司汇报。

四、附则

（1）本制度由客户服务中心主持制定，其修改、解释权归客户服务中心所有。

（2）本制度经总经理批准后，自颁布之日起实施。

编制		审核		批准	

制度02：物业维修基金管理制度

文件名称	物业维修基金管理制度	编号	
		版本	A／0

一、目的

为加强对物业维修基金的管理，特制定本制度。

（续表）

二、适用范围

适用于本公司管理区域的物业维修基金管理。

三、内容

1．物业维修基金筹集

（1）动迁房维修基金筹集，按规定从房租收入的60%中提取，并专项管理。

（2）商品房维修基金筹集，按规定由开发商和业主在办理产权证时交入政府主管部门指定账户或业委会开立的维修基金专户。

（3）按规定，维修基金利息及停车管理净收益应归入维修基金专户。

（4）维修基金不足时，可由物业公司编制筹集方案报业委会，由业委会征集。

2．物业维修基金使用

（1）维修基金应严格按照有关法规规定的范围使用，不准许挪作他用。

（2）日常物业维修费的使用应按规定报业委会批准后再报公司审批，经总经理或授权代理人批准后方可使用。

（3）对于电梯、污水处理、空调系统等比较大的维修项目，应签订合同，并报公司审批同意后实施。

（4）中修、大修或更新项目在年度计划中立项，应编制项目预算书，选定施工单位，订立工程施工合同，报公司审批，同时报业主委员会审批。经公司、业委会批准同意后，由业委会与施工单位订立工程合同。若由物业公司与施工单位订立工程合同，应由业委会出具委托书，并写明工程的支付约定，按合同规定经业委会正、副主任签字和公司总经理签字认可后从维修基金中支付。

3．维修基金核算

（1）按规定物业维修基金应按幢、门牌号立账，按单元立分户账。

（2）物业维修费用由物业公司或公司按政府有关规定分摊到户，如政府机关部门实行会计电算化的，则由物业公司进行分摊，并报维修基金管理中心核算。

（3）物业维修基金收、支、积余情况按规定每半年公布一次。

（4）物业公司应将每年的物业维修基金筹集、使用及分摊情况年终结算后归档。

四、附则

（1）本制度由客户服务中心主持制定，其修改、解释权归客户服务中心所有。

（2）本制度经总经理批准后，自颁布之日起实施。

编制		审核		批准	

制度03：房屋本体维修基金使用制度

文件名称	房屋本体维修基金使用制度	编号	
		版本	A／0

一、目的

为加强房屋本体维修基金的日常管理，特制定本制度。

二、使用范围

适用于本公司管辖内的所有房屋本体。

三、内容

物业公司为加强房屋本体维修基金管理，以便合理使用该基金，根据《××市房屋本体维修基金管理规定》和物业管理有关法规政策，特制定如下使用办法：

（1）本体维修基金按照“取之于民、用之用民”的原则，用于房屋本体公用部分的维修养护，以每幢房屋为单位进行记账管理。

（2）公用部位的维修养护由物业经理组织实施，其费用从本体维修基金中支出。公用部位是指结构相连或具有共有、公用性质的部位、设施和设备，包括：房屋的承重结构部位（包括基础、屋盖、梁、柱、墙体等），抗震结构部位（包括构造柱、梁、墙等），外墙面、楼梯间、公共通道、门厅、公共屋面、本体公用排烟道（管）、电梯、机电设备、本体消防设施、本体上下水主管道、公用防盗监控设施等。

（3）使用和程序审批权限。

——每幢每次使用本体维修基金1000元以下的维修项目，由物业经理审批；每幢每次使用本体维修基金1000～2000元的维修项目，由楼长进行审批；每幢每次使用本体维修基金2000元以上的工程项目须得到业主委员会或该幢50%以上的业主书面同意（业主代表书面同意）。

——业主申请维修时，由申请人填写申请表经楼长审批签字后（超过2000元由业委会主任审批）交物业经理组织实施，工程完成后由申请人签字确认。

（4）根据房屋本体维修基金使用审批权限，由最后审批人对工程进行验收（或指定工程技术人员验收），由审批人验收签字。

（5）物业经理组织实施使用本体维修基金完成房屋本体公用部位维修养护项目后，日常维修和零星小修由物业经理签字，中修以上工程出具施工项目清单由该幢楼长或业委会主任签字，每半年由业委会主任对住宅区使用本体维修基金施工账单公布一次。

（6）物业经理每半年提出使用本体维修基金的计划，提交业主委员会审议通过。

（续表）

（7）房屋本体维修基金收、支、积余情况按规定每半年公布一次。 （8）物业公司应在年终将每年的房屋本体维修基金使用情况结算后归档。 **四、附则** （1）本制度由客户服务中心主持制定，其修改、解释权归客户服务中心所有。 （2）本制度经总经理批准后，自颁布之日起实施。

编制		审核		批准	

制度04：停车场收费管理制度

文件名称	停车场收费管理制度	编号	
		版本	A／0

一、目的

为加强停车场收费的管理与监督，特制定本制度。

二、适用范围

适用于公司对停车场的收费管理。

三、内容

1．收费分类及标准

（1）固定车位的分类及收费。私家车位：车位产权或长期使用权属车主个人的私家车位，按合同约定的收费标准收取停放服务费。

出租车位：依据车主与物业公司签订的车位租赁合同，约定车辆停放的专用车位为出租车位，其停放服务费收费标准按公司发布的“机动车停放服务费收取标准作业指导书”执行。

（2）办理固定期限停车卡（仅约定停放期限）的收费标准。约定车辆停放期限并未约定停放专用车位的收费标准，按公司发布的“机动车停放服务费收取标准作业指导书”执行。

（3）车辆临时性停放的收费标准。车辆临时停放的，停放服务费收费标准按公司发布的“机动车停放服务费收取标准作业指导书”执行。

（续表）

<table>
<tr><td colspan="6">

2．收费规定

（1）临时停放服务费由车管员直接收取，即时开票；固定期限停放服务费、固定车位停放服务费由客户服务中心收款负责人收取。

（2）在岗车管员应于交接班前点清临时车位停放服务费票款，填写“停车场交接班记录”，一并交给接班人；次日早班车管员下班后与收款负责人结清票款，填写“停车场临时性停放服务费收款日结单”。收款负责人根据车位办理情况及时登记“办理固定期限停车卡、固定车位登记情况表”，每月汇总临时收入、固定期限停放服务费收入、固定车位停放服务费收入，填报“停车场收入月报表”（“智能化停车场收入月报表”）交至物业公司。

（3）收款负责人、车管员之间应建立双向沟通机制，掌握车主缴费情况，适时提醒车主按期缴费。

3．对于车主不要票情况的处理

（1）对于因临时性停放车辆的车主不要发票的，车管员先应劝其收票，在坚持劝说无效的情况下，车管员在发票的客户联上予以注明车牌号及“不要票”字样，同时在出入小票上注明“不要票”字样。

（2）对于办理固定车位、固定期限停车卡的车主不要发票的，收款负责人先应劝其收票，在坚持劝说无效的情况下，将发票装入信封投入该业户信箱。

四、附则

（1）本制度由保安部主持制定，其修改、解释权归保安部所有。

（2）本制度经总经理批准后，自颁布之日起实施。

</td></tr>
<tr><td>编制</td><td></td><td>审核</td><td></td><td>批准</td><td></td></tr>
</table>

第二节　物业收费专项表格管理

为了使物业收费与管理的工作有迹可循，必须制定相应的表格来对信息加以登记，这类表格包括管理费用预算分配表、收费通知单、催款通知单、收费汇总表、收费登记表、收费抽查记录等。

表格01：管理费用预算分配表

管理费用预算分配表

单位：　　元（人民币）

一、支出项目	行次	住宅	停车场	合计金额	备注
1．薪金福利					
（1）员工工资	1				
（2）工资附加费	2				
2．系统维修及保养					
（1）升降机	3				
（2）空调	4				
（3）电信系统	5				
（4）房屋工程	6				
（5）供排水系统	7				
（6）消防系统	8				
（7）电气设备	9				
（8）发电机系统	10				
3．管理费用					
（1）电费	11				
（2）水费	12				
（3）排污费	13				
（4）保险费	14				
（5）绿化费	15				
（6）清洁、消杀	16				
（7）储备金	17				
4．财务费用	18				
5．行政费用	19				
6．税金	20				
支出合计	21				
二、收入	22				
三、管理费结余	23				

审核：　　　　　　　　　　　　　　　　制表：

表格02：收费通知单

收费通知单

大楼名称		银行名称		银行账号	
房间代码		客户名称		房间面积	
管理费及其他费用					
名称	管理费	维修基金			
本月费用					
往月欠费					
滞纳金					

走表类费用									
项目名称	上月读数	本月读数	实用量	计划量	计内价	计外价	本月金额	欠缴费	滞纳金
水费									
电费									

本月缴收		往月总欠款		滞纳金		费用减免	
合计应收款				已交费用		预收余额	

说明：

1．请在本月10日前将足够金额存入您的交款银行账号，银行将于每月12日、20日对上月应缴费进行两次划款。

2．若因存款不足导致银行托收拒划时，物业公司将从当月20日起每天收取0.5‰的滞纳金。

3．逾期3个月未缴付应缴费用的，本物业公司将根据有关规定采取停水、停电、停气等措施进行追缴。

物业公司查询电话：

表格03：催款通知单

催款通知单

__________室：

据业主公约，用户应于每月______日前缴清当月管理费及其他费用。我公司至今仍未收到贵用户到期应缴的费用，共计人民币______元（详见下表），敬请贵用户在收到本通知后两日内缴清欠款。

房号	欠费月份	欠管理费（元）	欠电费（元）	欠水费（元）	欠维修费（元）	欠其他费（元）	合计
总计							

我公司开户银行：　　　　　　　　　　　　账号：

签发人：

物业公司签章：

表格04：催款通知单签收记录

催款通知单签收记录

房号	用户名称	累计欠费天数	催款通知单				最后催款通知单				暂停服务通知单			
			金额	签收日期	签收人	派送人	金额	签收日期	签收人	派送人	金额	签收日期	签收人	派送人

制表：

表格05：管理费欠费两个月的用户明细表

管理费欠费两个月的用户明细表

年　　月　　日

用户编码	房号	用户名称	欠交月份	欠费金额	联系人	联系电话	备注

审核：　　　　　　　　　　　　　　　　　　　　制表：

表格06：停车场每日收费汇总表

停车场每日收费汇总表

年　　月　　日

收费类型	车牌号码	入场时间	出场时间	收费金额	备注
汇总情况	1. 月卡车共__________辆 2. 储值卡车共________辆 3. 临时车共__________辆 4. 免费车共__________辆 5. 实收金额：________元				

审核：　　　　　　　　　　　　　　　　　　　　制表：

表格07：停车场收费抽查记录

停车场收费抽查记录

年　月　日

抽查时间		当班车管员	
抽查内容			
抽查结果			
抽查人		当班车管员	

表格08：车辆收费登记表

车辆收费登记表

岗位：　　　　　　　　　　　　　　　　年　月　日

车牌	车型	进场时间	出场时间	收费		情况		值班员	备注
				卡类	停车票	现金	金额		

第六章　车辆与停车场专项管理

为维护小区交通秩序，保障车辆、行人安全，物业公司必须对小区的道路与停车场加以管理，以确保小区道路上无乱停乱放的车辆，并将停车场的车辆管理得井然有序。

第一节　车辆与停车场专项制度管理

为了确保物业管理区域内的交通安全畅通，物业公司一定要制定小区交通管理规定，对进入小区的车辆进行限制，并提出规定以规范车主车辆停放、行驶的行为。

制度01：车辆停放管理制度

文件名称	车辆停放管理制度	编号	
		版本	A／0

一、目的

为加强对停车场车辆停放的管理，特制定本制度。

二、适用范围

适用于对本公司辖区内所有车场与车库的管理。

三、内容

1．车场停车规定

（1）物业管辖区域内车场为业户车辆提供泊车场地，遵循先到先停、停满为止的原则。

（2）凡进入车场的车辆都必须服从停车场工作人员的指挥。

（3）进入物业管辖区域内的车辆应遵守禁令标识。禁止在停车场内洗车、修车和学习驾驶。

（4）阻止载重4吨以上的大型汽车进入物业管辖区域（特种车辆除外）。

（续表）

（5）引导车辆有序停放在指定车位线内，车主应关好门窗，贵重物品不得留在车内。 （6）按各部门规定实行收费服务。 （7）若发生事故应立即报告上级，并保护现场，损坏公共设施的车辆应照价赔偿。 （8）对车辆进出实行登记。 2．车库停车规定 （1）业户需租用、买断车库内车位时应向开发商办理手续。 （2）物业公司凭开发商书面通知办理车库的停车证，并收取车位管理费。 （3）持有停车证的车辆方可进入车库，无证不得入内。停车证应放置在车辆前方玻璃醒目位置。 （4）对号停车，禁止占用其他车位。 （5）非小区车辆需要进入车库必须经本公司同意。 **四、附则** （1）本制度由保安部主持制定，其修改、解释权归保安部所有。 （2）本制度经总经理批准后，自颁布之日起实施。					
编制		审核		批准	

制度02：小区机动车辆与停车场管理制度

文件名称	小区机动车辆与停车场管理制度	编号	
		版本	A／0
一、目的 为加强对小区机动车辆的管理，充分利用和合理配置停车资源，确保车辆遵章行驶、有序停放，为业户创造一个优美、宁静的环境，特制定本制度。 **二、适用范围** 适用于对本公司辖区内所有车辆与停车场的管理。 **三、内容** （1）物业公司在小区设定车管员对车辆与停车场就地管理，对小区业户的车辆实施全面管理，建立详细的车辆与停车场管理档案（含：业户或使用人姓名、房号、车辆型			

（续表）

号、车牌号、车辆颜色、联系电话等），对登记备案的业户车辆，由物业公司所辖小区客户服务中心发给出入大门通行证，通行证每年度换发一次。 （2）小区机动车辆泊位分为地下车库、地面车库、地下车位和地面车位。对已出售给业户的车库或车位，小区物业客户服务中心每月向其收取管理费；对无出售或不能出售的车位，实行有偿租用，地下车库或车位的月租费，根据市场价核定，不另收管理费；地面停车位的收费标准参照《×××区住宅小区机动车停放服务收费管理办法》执行，即：住宅小区业户停放的私家小型客货车包月费每辆×××元整、住宅小区业户停放的公车包月费每辆×××元整，不另收管理费；对在小区临时停车不超过×小时的，免收停车服务费。超过×小时的，每辆每×小时×元整，不足×小时按×小时计算。每天（连续24小时）停车服务费，每辆超过×元的，按×元收取。对长期租用车位的业户，小区物业公司应每年与其签订一次租用合同。 （3）对已出租的车位，小区物业客户服务中心负责作出已出租的标识，并设专人管理，劝阻其他车辆占用此车位。地面可出租的车位，优先出租给就近居住的业户，如就近业户不租，可租赁给其他业户。 （4）已购置车库的业户，应自觉将车辆停入库内；临时进入小区的机动车辆，应按车管员指定的地点停放；所有车辆均不得在小区道路上随意停放；尤其禁止车辆在消防通道及道路交叉口停放。对外来临时进入小区的车辆，执勤门岗应做好询问登记工作，发放临时出入证，必要时还应及时与业户取得联系，在征得业户同意后方可进入。 （5）拥有车库的业户在车辆入库后，应及时关闭车库门；停放在停车场的车辆，业户离开后，须及时关闭车门、车窗，不要将贵重物品遗留在车内。车管员和保安员如发现车门、车窗未关好，应及时通知车主，以防止车内物品失窃。停车场仅提供停车场地，并要求车管员和保安员加强巡视检查，如出现车辆丢失或车内物品被窃，应积极配合车主查找并提供其他帮助，但不负赔偿责任。 （6）小区道路和停车场严禁学习驾驶、试车，不得无故使用车载报警器，严禁随意鸣喇叭。 （7）对进入小区载有业户的出租车须换证通行，对载有外来人员的出租车应谢绝入内。夜间22:00后，谢绝出租车进入小区。 （8）对从小区驶出并携带较贵重或大量物品的非业户车辆，执勤门岗有权进行检查或要求出示物品放行条。 （9）大型货车、客车原则上不容许随意进入小区，如遇特殊情况需进入，须提前申请并征得小区物业客户服务中心的同意。

（续表）

（10）物业公司在小区应设立机动车辆行驶标识，包括：行驶方向、行驶路线、限速、限高、禁鸣、禁烟火等，业户须遵章执行，出入大门应各行其道或先出后进。 （11）停车场管理员和保安巡视员应确保车辆行驶通道和消防通道的畅通，要做到管理有序，无乱停、乱放车辆的现象。对随意乱停或侵占已购（租）车库、车位业户利益的车辆，实行广大业户舆论监督、保安管制和社区交警共同管理的方法进行处理。 （12）对所有进出小区的非业户车辆和出租车实行凭车辆出入卡进出，执勤门岗必须在卡上注明车辆进出的时间、车牌号、所访业户姓名、执勤门岗姓名，并应妥善保管好出入卡，不得丢失。 **四、附则** （1）本制度由保安部主持制定，其修改、解释权归保安部所有。 （2）本制度经总经理批准后，自颁布之日起实施。

编制		审核		批准	

制度03：小区非机动车辆与停车场管理制度

文件名称	小区非机动车辆与停车场管理制度	编号	
		版本	A／0

一、目的

为确保小区非机动车辆与停车场管理安全，特制定本制度。

二、适用范围

适用于本公司所辖小区非机动车辆与停车场管理。

三、内容

（1）物业公司保安部负责本小区非机动车辆公共停车场的巡查、管理工作。××小区非机动车辆停车场位于×××楼东北角。

（2）本小区非机动车辆向全体业户免费开放，业户无需缴纳停放费用。

（3）在小区内严禁非机动车乱停乱放，业户须将非机动车辆统一停放在小区建设的非机动车辆停车场，禁止停放在小区单元大厅、楼道、消防通道等位置。

（续表）

（4）非机动车辆在小区内行驶须注意安全，骑车尽量避免走道路中央，须靠边行驶，避让机动车辆，禁止骑飞车、自行车快滑或双手撒把。

（5）非机动车辆放入非机动车辆停车场后要停放整齐，禁止乱摆乱放。

（6）闲杂人员不得在车库内逗留和玩耍，非机动车辆如需长时间停放在车库内请停放在车库靠里面位置。

（7）业户的非机动车辆停放在车库后，请务必将车辆锁好，不要将物品遗放在车篓和后备箱内，否则造成损失自负责任。

（8）在停车场停放非机动车辆，需接受物业管理工作人员的管理。

四、附则

（1）本制度由保安部主持制定，其修改、解释权归保安部所有。

（2）本制度经总经理批准后，自颁布之日起实施。

编制		审核		批准	

制度04：小区地下车库管理制度

文件名称	小区地下车库管理制度	编号	
		版本	A/0

一、目的

物业公司为确保地下车库交通安全、道路畅通，车辆遵章行使、有序停放，特制定本制度。

二、适用范围

适用于本公司辖区内所有的地下车库。

三、内容

（1）严格遵守市交通管理规定，遵守各项车辆与停车场管理制度，确保“安全第一”的原则。

（2）车库通道内禁止停放任何车辆。

（3）车库通道、消防通道内禁止堆放任何杂物，确保车库通道和消防通道畅通。

（4）车库内必须配备各种安全设施和标识、配备消防器材。

（5）禁止把任何易燃、易爆、剧毒等危险物品带入地下车库。

（续表）

（6）禁止任何外来车辆、闲杂人员进入地下车库。 （7）严禁任何货车、卡车、大型车辆进入地下车库。 （8）车辆出入地下车库时，必须按规定的指示标识行使。 （9）车辆进入地下车库后，必须停放到规定的车库（位）内，严禁占道停放、私占他人专用车库（位），严禁压线停放。 （10）车库内禁止鸣喇叭，限速行使，遵守车库停车标识，禁止涂改或覆盖车库内原有停车的标识和号码。 （11）车辆进入地下车库停放后，必须关好车辆和车库门窗。 （12）严禁在车库内清扫、清洗车辆及进行车辆维修、保养工作。 （13）定时对车库进行清扫，定时打开车库内风机进行通风换气。 （14）车库管理员定时对车库进行巡逻检查，对停放不到位、占道停放等车辆进行纠正。 （15）因过失损坏他人车辆、公共设施等行为的，责任人应照价赔偿。 **四、附则** （1）本制度由保安部主持制定，其修改、解释权归保安部所有。 （2）本制度经总经理批准后，自颁布之日起实施。					
编制		审核		批准	

制度05：小区停车场管理制度

文件名称	小区停车场管理制度	编号	
		版本	A／0
一、目的 为规范小区车辆与停车场管理，保持小区内道路畅通，维护小区内交通秩序，有效地为业户服务，特制定本制度。 **二、适用范围** 适用于对小区所有停车场的管理。			

（续表）

<table>
<tr><td colspan="6">

三、内容

（1）有车位的业户，物业公司统一为其办理蓝牙设备、车位证（进入小区的车辆前挡风玻璃需放置蓝牙及车位证），无车位的车辆未经允许不得驶入。

（2）停放在小区内的车辆不准携带危险品，停车时请将车内贵重物品、重要文件等随身携带，离开时请车主（司机）锁好汽车门窗。

（3）保持停车场内清洁，不得将车上的杂物和垃圾随处乱丢。

（4）禁止在停车场道路上练车、修车、试刹车。

（5）车辆进入小区必须减速慢行，不得超过10千米/时，严禁超车，禁止鸣喇叭，注意往来车辆及行人安全。

（6）禁止在地下停车场长时间发动机车工作，以免造成尾气污染现象。

（7）不得碾压绿化土地、损坏路牌和各类标识及其他公共设施，如因个人原因造成损失，一律按原价赔偿。

（8）如蓝牙卡、车位证丢失损坏，请立即登记补办；业户如更换车辆信息，需到物业客户服务中心更换手续，否则不得进入本小区。

（9）车辆进入小区时必须停放在规定的车位上。

（10）车位管理费请按时缴纳，如逾期不缴者，蓝牙设备将失效。

（11）临时进入须配合门岗进行登记，进入领取临时停车卡，离开时交回停车卡。

（12）小区道闸设备为一车一杆，不得跟车，如跟车出现损失开车人承担责任。

四、附则

（1）本制度由保安部主持制定，其修改、解释权归保安部所有。

（2）本制度经总经理批准后，自颁布之日起实施。

</td></tr>
<tr><td>编制</td><td></td><td>审核</td><td></td><td>批准</td><td></td></tr>
</table>

第二节　车辆与停车场专项表格管理

为了加强车辆的管理，也避免因车辆管理而引起纠纷，停车场一定要做好车辆出入记录、收费记录、车辆状况登记等，这些均须由物业公司制定规范的表格。

表格01：车辆出入登记表

车辆出入登记表

年　月

日期	车牌号	进入时间	值班人	日期	车牌号	离开时间	值班人

表格02：车辆出入卡

车辆出入卡

年　月　　　　编号：

日期	车号	进入时间	值班人	日期	离开时间	值班人

表格03：放行条

放行条

房号：　　　　　　　　　　　　　　　　　　　　年　　月　　日

物品名称（大件）	型号	数量	业主或经办人姓名：
			证件号：
			联系电话：
			搬运车辆车牌号： （保安员填写）
			保安员：
费用缴纳情况：			签发人：

注：此条由大堂保安员检查，无大堂的花园由巡逻保安员或车管员检查。

表格04：营业性车场无卡车辆离场登记表

营业性车场无卡车辆离场登记表

值班员填写						车辆驾驶员填写					备注
离场时间	车主姓名	行驶证号	驾驶员姓名	身份证号码	值班员签名	车辆号码	车型	颜色	未带卡原因	驾驶员签名	

说明：

1．非业户驾驶无卡车辆外出须先到物业公司办理放行手续。

2．值班员须根据驾驶员提供的有关证件填写。

3．备注可填写驾驶员外貌特征等。

4．不得漏登错登。

表格05：机动车停车场出入登记表

机动车停车场出入登记表

进场		车牌号码	车型	颜色	出入登记卡号	值班员	离场		收费金额	免费停车驾驶员签名	值班员	护卫主管签名确认	备注
日期	时间						日期	时间					

说明：

1．值班车管员必须认真填写各栏目。

2．符合免费停车条件的车辆，其驾驶员必须签字。

3．每班下班后，护卫主管必须到场核实收费情况并签字认可。

4．“备注”一栏填写入场车辆的外观损坏和缺少的主要附件情况。

表格06：停车牌使用情况登记表

停车牌使用情况登记表

年　月　日

日期	本月领用		本月使用			期末结余	
	金额	号码	早班	中班	夜班	金额	号码

制表：　　　　　　　　　　　　　　　　审核人：

表格07：停车场车辆状况登记表

停车场车辆状况登记表

年　月　日

车辆牌号	车位	检查项目							进场时间	出场时间	车主签名认可	值班员签名
		照明灯	外壳	标志	轮胎	玻璃	后视镜	转向灯				

审核人：　　　　　　　　　　制表人：

表格08：车位月卡统计表

车位月卡统计表

年　月　日

序号	车型	车牌	车主姓名	月保期	指定车位	月保费	备注

审核人：　　　　　　　　　　制表人：

第七章 社区文化专项管理

物业公司应该积极组织社区文化活动，提高社区文化活力，同时促进物业公司与小区业户的良性互动，建立良好的合作关系，以共同创造一个和谐的小区。

第一节 社区文化专项制度管理

为了保证社区文化活动的策划、组织、实施、评估都有序地进行，宜制定相应的制度来加以规范，明确责任部门、责任人员，确立社区文化活动开展的要求和标准。

制度01：社区文化活动管理制度

<table>
<tr><td rowspan="2">文件名称</td><td rowspan="2">社区文化活动管理制度</td><td>编号</td><td></td></tr>
<tr><td>版本</td><td>A／0</td></tr>
<tr><td colspan="4">

一、目的

通过开展健康丰富的活动，加强管理人员与业户的沟通，增进社区管理人员与业户、业户与业户之间的亲和度，促进社区精神文明建设，创造高品位的人文环境，塑造优秀的公司形象，特制定本制度。

二、适用范围

适用于本公司所辖所有物业的管理园区文化活动的管理。

三、内容

社区中心举办的活动必须思想进步、健康向上，内容丰富多彩，并且符合国家、省、市文化管理机构关于开展社区文化活动的规定要求。

1．常设性活动

（1）庆典活动，如在元旦、春节、劳动节、国庆节等节日里通过对园区环境的布置烘托节日气氛。

</td></tr>
</table>

（续表）

（2）社区文艺长廊。通过社区内的宣传栏、阅报窗、楼内广告板等对国家政策、企业状况、名人轶事、社区业主状况进行宣传报道。

（3）健身运动。组织社区业户进行晨练，如打太极拳、练剑、做韵律操等。

（4）游艺活动。如设有活动中心的园区除国家法定假期外，按工作计划定期向业户开放，重大参观来访活动或竞技比赛期间除外。

2．临时性活动

（1）趣味体育竞技。根据年龄的差异选择活动群体。针对老年人组织一些活跃大脑的体育项目，针对年轻人组织一些考验身体素质的活动，针对儿童组织一些挑战性强的活动。

（2）综艺活动。在园区内组织积极向上的文艺活动：儿童声乐比赛、诗歌朗诵比赛、家庭组合的集体表演，青年人、老年人参加的交谊舞大赛、书画以及棋类比赛等。

（3）公益活动。物业公司应倡导社区业户献爱心，如种植结婚纪念树、领养绿地等，既丰富了精神生活又能为美化社区环境作贡献。

四、附则

（1）本制度由客户服务中心主持制定，其修改、解释权归客户服务中心所有。

（2）本制度经总经理批准后，自颁布之日起实施。

编制		审核		批准	

制度02：社区文化管理制度

文件名称	社区文化管理制度	编号	
		版本	A／0

一、目的

为加强对社区文化活动的管理，特制定本制度。

二、适用范围

适用于对小区内所有文化活动进行管理。

三、内容

1．小区环境文化

小区的外在形象是小区文化最直观的外在表现。本小区拟从《桃花源记》中构筑的

（续表）

理想环境入手，再现“都市中的桃源”的景象。

（1）营造桃源八景，即桃花夹岸、芳草落英、桑竹美地、豁然开朗、阡陌交通、缘溪穷林、陶公碑文、桃花仙子。

（2）确定以桃花作为村花，桃树作为村树。

（3）参照环境满意（ES）手册，将小区建设成集生态走廊、生态广场、生态屏障、健康步道、碑林题咏等于一体的花坛式园林小区，形成春有花、夏有荫、秋有果、冬有色的环境空间。

（4）根据视觉满意（VS）手册，规划、设计、制作标志系统、办公用品系统、制服系统、车体外观系统等。

（5）小到一张名片，大到楼宇外观，都将传达出富有个性的文化气息，要将每一个细节都规划好，充分体现小区的文化品位。

2．小区制度文化

小区业户的价值观还将通过组织机构、管理规章等规范形式予以体现。制度本身便富含文化气息。

（1）制订小区精神文明公约，以此为鉴，衡量小区业户的文明水准，规范小区业户的行为。

（2）通过设立社区文化部，组织开展社区内的各种文化活动，在引导、扶植自发活动的基础上，形成各种有序的组织。如成立足球队、篮球队、门球队、秧歌队、合唱队、象棋队、家政培训班、书画培训班、老年学校等。

（3）对各种团体活动加以制度规范，包括活动时间、地点、频率、内容、方式等，以利于这些活动朝着积极、健康、有益的方向去发展。

（4）制度本身也将体现出文化个性，在制订的时候要充分考虑。

3．小区精神文化

精神文化是小区文化的核心，是业户的精神观、道德观、价值观的主要生成途径。

（1）利用各种纪念节日，灌输精神文化内涵。如入住仪式、三八妇女节联欢、五四青年节义工服务、六一儿童节爱家园书画大赛、七一建党纪念升旗仪式、八一建军节为子弟兵做好事、十一国庆节爱国主义征文等。

（2）开展各种形式的讲座、演讲，树立新型文化观。内容如“扫除黄毒赌、爱我美小区”、“学雷锋”、“说小事”等。

（3）开展评比活动，进行激励。如“十佳业户”、“十佳少年”等，树立典型和先进人物。

（4）开展各种形式的培训，提高业主素质，净化心灵。

（续表）

（5）组织播放爱国主义、集体主义主旋律影片、录像，办墙报、宣传栏、小报等进行宣传教育；举办村歌大家唱、村花村树知识竞赛等活动。 （6）升旗仪式，表彰仪式等。 **四、附则** （1）本制度由客户服务中心主持制定，其修改、解释权归客户服务中心所有。 （2）本制度经总经理批准后，自颁布之日起实施。					
编制		审核		批准	

制度03：社区刊物管理制度

文件名称	社区刊物管理制度	编号	
		版本	A／0

一、目的

为规范社区刊物的管理，特制定本制度。

二、适用范围

适用于小区内的各类刊物管理。

三、内容

（1）有关社区刊物的一切事务，包括编辑、发行与分配，按本标准办理。

（2）社区刊物发行的目的。

（3）社区刊物必须冠之以本社区名称，加上刊物名称。

①社区不可能向全体业户逐个传递有关经营活动的全部信息与情报，往往需要依靠社区刊物的发行。

②大规模持久地进行业户间的沟通，也通常需要依赖社区刊物的发行，以增强业户间的团结。

③通过社区刊物的发行，为全体业户共同参与提供了一个领域与话题，有利于强化社区文化。

④通过社区刊物，使全体业户乃至全社会能全面了解社区的情况。

（续表）

（4）发行日原则上为每月的10日。具体以印刷公司的情况与印刷进度为准，控制在10日前后。 （5）社区内部刊物的最终责任者为文化部长。发行责任者必须明确制订编辑方针，向编辑及编辑主任传达编辑方针与意图、精神，把握编辑方向，并且在原则上确定企业刊物的主要版面与内容。 （6）由各部门推荐及自荐者组成编委。如果推荐与自荐者过多，由文化部长进行选拔；如果过少，由文化部长点名，组成编委。 （7）编委会长由文化部长在总务部成员中选拔并正式任命；如果总务部缺乏合适人选，由编委成员相互推举，产生会长，再由文化部长正式任命。 （8）编辑会议由编辑主任召集、主持召开，并就编辑计划、方针及举措等编辑、出版、发行与分配事宜进行审议与合议。编委会成员对此进行监督与评价。 **四、附则** （1）本制度由客户服务中心主持制定，其修改、解释权归客户服务中心所有。 （2）本制度经总经理批准后，自颁布之日起实施。

编制		审核		批准	

第二节　社区文化专项表格管理

为了对物业小区社区文化活动进行有效地控制，方便对社区文化活动的总结与分析，物业公司应该就社区文化的全过程管理设计合理的记录表单。

表格01：社区文化活动申请表

社区文化活动申请表

年　月　日

活动名称			
举办时间		举办地点	
活动计划			

（续表）

物业公司意见	
公司审批意见	
备注	

表格02：社区文化活动记录表

社区文化活动记录表

年 月 日 No.：

活动名称					
举办时间		举办地点		组织人员	
参加人员		规 模		活动效果	
活动安排					
活动总结					
备注					

记录人： 时间：

表格03：社区文化活动统计表

社区文化活动统计表

年 月 日

序号	活动名称	举办单位或部门	协办单位或部门	举办日期	参加人数	备注

表格04：社区文化活动考核表

社区文化活动考核表

主办单位		考核部门	
考核方式			
考核情况分析			
考核意见			
填写人签字：	年　月　日		

表格05：社区活动评价表

社区活动评价表

年　月　日

活动名称			
开展时间		举办地点	
活动记录	申报人签字：		
活动评价	经理签字：		
公司审批意见			

表格06：社区活动中心有偿服务登记表

社区活动中心有偿服务登记表

年　月　日

活动名称	活动负责人	入场时间	器材件数	实收金额（元）	经办人

表格07：年度社区文化活动费用计划表

年度社区文化活动费用计划表

活动项目	活动日期	费用分摊	项目组织责任人	备注
计划拟订人：			日期：	
物业经理批示： 经理： 日期：				

第八章　物业环境专项管理

物业环境管理涉及保洁、绿化等各项具体工作。环境管理部门的人员应当按照相关制度、管理要求，做好各项工作，保证小区拥有一个良好的环境。

第一节　物业环境专项制度管理

为了确保小区的环境，物业公司有必要对保洁、绿化人员的工作以制度的形式加以规范，同时，业户的行为对环境的影响非常大，所以也有必要针对业户制定一些制度来规范。这些制度通常以公约的形式出现。

制度01：物业保洁管理制度

文件名称	物业保洁管理制度	编号	
		版本	A／0

一、目的

为加强对保洁工作的管理，特制定本制度。

二、适用范围

适用于本公司对保洁工作的管理。

三、内容

1．清洁工具的领用

（1）领用清洁设备必须填写领用登记表。

（2）领用设备时，领用人需自行检查设备的完好程度，因检查不周，造成设备出库而影响工作的，由领用人自行负责。

（3）使用设备时如发生故障，不得强行继续操作，违者罚款。

（4）因使用不当，发生机具、附件损坏者，按规定赔偿。

（5）归还设备时，必须保证设备完好无损、内外干净；如有损坏，应及时报修，并

（续表）

在领用簿上注明损坏情况。

2．常用设备的操作

（1）使用前，要了解设备的性能、特点、耗电量。

（2）操作前先清理场地，防止接线板、电机进水或因电线卷入正在操作的设备中而损坏设备。

（3）擦地机、抛光机、地毯清洗机、吸水机、吸尘器等设备均需按照使用说明正确操作和使用。

（4）高压水枪不能在脱水情况下操作。

（5）设备使用后，按要求做好清洗、保养工作。

3．清洁人员的安全操作规程

（1）牢固树立“安全第一”的思想，确保安全操作。

（2）清扫人员在超过两米的高处操作时，必须双脚踏在凳子上，不得单脚踏在凳子上，以免摔伤。

（3）清扫人员在使用机器时，不得用湿手接触电源插座，以免触电。

（4）清扫人员在不会使用清洁机器时，不得私自开动机器，以免发生意外事故。

（5）清扫人员应该严格遵守防火制度，不得动用明火，以免发生火灾。

（6）在操作与安全发生矛盾时，应先服从安全，以安全为重。

（7）清扫人员在使用开水时，应思想集中，以免烫伤。

（8）室外人员在推垃圾箱时，应小心操作，以免压伤手脚。

四、附则

（1）本制度由环境管理部主持制定，其修改、解释权归环境管理部所有。

（2）本制度经总经理批准后，自颁布之日起实施。

编制		审核		批准	

制度02：物业保洁员管理制度

文件名称	物业保洁员管理制度	编号	
		版本	A／0

一、目的

为了规范对保洁员的管理，提高保洁员的服务质量，使小区整体卫生环境清新、整

（续表）

洁，特制定本制度。

二、适用范围

适用于物业所有保洁员。

三、内容

1．工作职责、工作守则及工作时间

（1）保洁班长应恪尽职守、以身作则、严格管理，在带领队伍完成各项工作任务的同时，积极配合上级展开各项卫生管理工作并完成上级交办的其他工作。

（2）保洁员须每日全面、细致地对卫生区域进行打扫、除尘。卫生区域包括：大厦（休闲区）、小楼（办公室、走廊、卫生间、玻璃、百叶窗等）卫生。其中玻璃、百叶窗，每月擦拭两次。

（3）严格遵守公司规章制度，服从督办人员指挥，服装整洁、礼貌待人、积极主动、认真负责、一丝不苟。

（4）保洁员每天工作时间为：上午7:00～10:30，下午13:00～16:30。

2．工作制度及标准细则

（1）保洁员上岗期间保持个人仪容、仪表及个人卫生，维护公司良好形象；不大声喧哗，严禁与公司同事闲聊，工作期间不影响他人正常工作；穿工装上岗，保持工装整洁、干净，工装每周洗一次；不浓妆艳抹及佩戴不适宜的饰物；不留长指甲；不穿拖鞋上岗。

（2）按要求高质量完成各项工作，所有工作在安排后必须立即行动。

（3）工作时间内保证按时上岗，不得擅自离岗、不得私自使用办公用品（如电脑、电话等）。

（4）爱惜工作用具及公司办公用品。如有工作用具损坏，可以旧换新。

（5）按工作职责每日全面清扫。环境卫生包括办公室、前台、走廊（挂画）、小楼卫生。

其中办公室卫生区包括：办公桌椅、公共办公柜、电脑、电话、室内玻璃、栏杆、地面、门框、办公室内植物浇灌、鱼缸及换水等。

前台卫生区包括：前台桌椅、饮水机、小柜子、白板等。

走廊卫生区包括：挂画、公司牌匾等。

卫生间卫生区包括：地面及卫生设备、洗手池等的清洁，洗手液、空气清新剂（盒）、卫生纸等用品的及时更换。

（续表）

小楼卫生包括：办公室、走廊（地面、地角线）、门窗、玻璃、百叶窗、卫生间（及时更换用品）、饮水间等。 四、附则 （1）本制度由环境管理部主持制定，其修改、解释权归环境管理部所有。 （2）本制度经总经理批准后，自颁布之日起实施。					
编制		审核		批准	

制度03：小区公共卫生间清洁管理制度

文件名称	小区公共卫生间清洁管理制度	编号	
		版本	A／0

一、目的

为加强对小区公共卫生间的清洁管理，特制定本制度。

二、适用范围

适用于小区对公共卫生间的清洁管理。

三、内容

1．清洁作业程序

（1）每天6:30～8:30，13:30～14:00分两次重点清理公用卫生间。

（2）用水冲洗大小便器，用夹子夹出小便器内的烟头等杂物。

（3）清扫地面垃圾，清倒垃圾篓，换新垃圾袋后放回原位。

（4）将洁厕水倒入水勺内，用厕刷蘸洁厕水刷洗大、小便器，然后用清水冲净。

（5）用湿毛巾和洗洁精擦洗面盆，大理石台面，墙面、门窗标识牌。

（6）先用拧干的湿毛巾擦镜面、然后再用干毛巾擦净。

（7）用湿拖把拖干净地面，然后用干拖把拖干。

（8）喷适量香水或空气清新剂，小便斗内放入樟脑丸。

（9）每15分钟进行一次保洁，清理地面垃圾、积水等。

（10）每周用干毛巾擦一次灯具，清扫一次天花板。

2．清洁标准

（1）天花板、墙角、灯具目视无灰尘、蜘蛛网。

（续表）

（2）目视墙壁干净，便器洁净无黄渍。 （3）室内无异味、臭味。 （4）地面无烟头、积水、纸屑、果皮等杂物。 **四、附则** （1）本制度由环境管理部主持制定，其修改、解释权归环境管理部所有。 （2）本制度经总经理批准后，自颁布之日起实施。					
编制		审核		批准	

制度04：房屋天面、雨篷清洁管理制度

文件名称	房屋天面、雨篷清洁管理制度	编号	
		版本	A／0

一、目的

为加强对房屋天面、雨篷的清洁工作，特制定本制度。

二、适用范围

适用于对公司所辖小区房屋天面、雨篷的清洁工作的管理。

三、内容

1．清洁程序

（1）备梯子1个，编织袋1只，扫把、垃圾铲各1把，铁杆1条。

（2）将梯子放稳，人沿梯子爬上雨篷或天面，先将雨篷或天面的垃圾打扫清理装入编织袋，将袋提下倒入垃圾车内，将较大的杂物一并搬运上垃圾车。

（3）用铁杆将雨篷、天面的排水口（管）疏通，使之不积水。

2．清洁标准

每周清扫一次；目视天面、雨篷无垃圾，无积水，无青苔，无杂物，无花盆（组合艺术盆景和屋顶花园除外）。

3．安全事项

（1）梯子必须放稳，清洁人员上下时应注意安全。

（2）杂物、垃圾袋和工具不要往下丢，以免砸伤行人、损坏工具。

（续表）

四、附则 （1）本制度由环境管理部主持制定，其修改、解释权归环境管理部所有。 （2）本制度经总经理批准后，自颁布之日起实施。					
编制		审核		批准	

制度05：小区垃圾收集作业管理制度

文件名称	小区垃圾收集作业管理制度	编号	
		版本	A/0

一、目的

为规范管理小区垃圾的收集工作，特制定本制度。

二、适用范围

适用于对小区各类垃圾的收集作业工作的管理。

三、内容

1. 垃圾收集作业要求

（1）每天早上8:30以前，外围区域的保洁员必须将小区设置的垃圾箱（筒）里的垃圾以袋装形式分类送到垃圾房。

（2）每天早上8:30以前，业户按照有机垃圾、无机垃圾、建筑垃圾分类装袋送到垃圾房并倒入分类垃圾桶。

（3）楼内设有垃圾桶、烟灰桶的居住楼，由垃圾收集人员自上而下将楼层里的垃圾桶、烟灰桶内装有垃圾的塑料袋密封好，检查无破损缺口后放入推车。用拖把、抹布清理垃圾桶、烟灰桶周围环境，用抹布擦干净垃圾桶、烟灰桶的表面，换上新的塑料袋，需要时使用清洁剂和清香剂。

（4）乘消防梯逐层而下，推车装满后直接送往垃圾房，沿途遇行人应避让，注意防止撞到行人、防止发生事故。

（5）纸盒箱和较大件的废弃物先集中堆放，然后乘消防梯运送至垃圾房。

（6）两名清洁人员互相配合，将垃圾推上垃圾压缩机作业平台，拉开手推车后门，将垃圾倒进压缩车内，操作人员作垃圾压缩操作。

（7）清扫掉在地面上的垃圾，并装上压缩车。

（续表）

（8）冲洗垃圾房地面，打扫墙面，冲洗垃圾房处通道地面，油污用碱性清洁剂刷洗，清除排水沟内的垃圾后再用水进行清洗。 （9）用喷雾器配消毒杀虫剂对垃圾房周围5米内的范围进行消毒。 （10）协助配合好环卫部门的垃圾清运工作。 2．垃圾房的清洁要求 （1）将垃圾房的垃圾清理干净后，打开水阀用水冲洗垃圾房内外一次。 （2）用清洁剂清洗垃圾房内外瓷砖和门，用刷子刷洗污迹。 （3）疏通垃圾房的排水沟，清洁周围的水泥地面。 （4）再一次打开水阀，用水全面冲洗垃圾房内外，同时用扫把或刷子擦洗。 （5）关闭水阀，收回水管，锁好垃圾房大门。 （6）垃圾桶或垃圾箱的清洁：清除箱内垃圾后，先用水冲洗一遍，然后用清洁剂对污垢、污迹进行擦洗，再用清水冲洗干净。 （7）做好每日垃圾清运的记录。 3．清运善后的检查标准 （1）清运及时。 （2）清运率100%。 （3）周围无污垢、无积水。 （4）清运后即冲洗垃圾房内外，垃圾房外两米处无异味。 （5）垃圾桶、垃圾箱外表无明显污迹和黏着物。 **四、附则** （1）本制度由环境管理部主持制定，其修改、解释权归环境管理部所有。 （2）本制度经总经理批准后，自颁布之日起实施。

编制		审核		批准	

制度06：垃圾中转站清洁管理制度

文件名称	垃圾中转站清洁管理制度	编号	
		版本	A／0
一、目的 为做好住宅小区生活垃圾的收集和清运工作，保障生活小区环境清洁，避免环境受			

（续表）

到二次污染，特制定本制度。 二、适用范围 适用于小区所有垃圾中转站。 三、内容 （1）住宅小区生活垃圾的收集和清运工作由各辖区管理站具体负责，实行分片区包干，集中管理，协同工作。 （2）管理站在实施辖区生产垃圾收集和清运工作的同时，必须指定专人负责，专人清洁、收集和清运；必须有检查、有记录。生产垃圾必须做到日产日清，始终保持小区垃圾中转站内的卫生干净清洁，无任何污染。 （3）小区内的生活垃圾必须实行袋装化，必须指定清倒地点，并密封加盖，必须配备足够的垃圾筒（箱），并进行经常性地垃圾清理和筒（箱）清洁工作，保证环境清洁。 （4）小区垃圾中转站内不得堆放任何施工垃圾，在小区业户进行第二次装修时必须加以严格管理，避免与生活垃圾混合堆放，造成清运工作不能顺利进行。 （5）小区内生活垃圾的整体清运工作必须指定合格的分包商负责，规定专人、专车、清运地点、清运次数和清运时间。 （6）物业公司指定专人负责小区垃圾中转站内的清洁卫生工作，并协助分包商进行日常垃圾清运工作。在做好日常清运和清洁的同时，还要对垃圾中转站进行经常性地施药杀虫工作；在炎热的夏季期间要增加施药分量和消杀频次，以杜绝各种病虫害对小区环境的污染和对小区居民身体健康的影响。 （7）小区垃圾中转站的日常清运和清洁工作必须引起物业公司的高度重视，物业经理和各级主管人员应经常亲临现场，指导、检查清运和清洁工作。对检查出来的较严重的问题，应发出书面的纠正和预防措施，要求责任人限期整改，使存在的问题得到根本解决。 （8）对小区垃圾中转站的日常清运和清洁工作每月应实行严格的考核，对该项工作的完成情况作出评价，评价结果与清洁工的月份奖金或工资直接挂钩，奖勤罚懒、奖优罚劣。 四、附则 （1）本制度由环境管理部主持制定，其修改、解释权归环境管理部所有。 （2）本制度经总经理批准后，自颁布之日起实施。

编制		审核		批准	

制度07：清洁卫生公约

文件名称	清洁卫生公约	编号	
		版本	A/0

一、目的

为保持本小区清洁卫生，特制定卫生公约。

二、适用范围

本公约适用于小区所有业户。

三、内容

各业户和进入本区的其他人员须共同遵守，互相监督。

（1）各业户须使用垃圾袋，于早上8时、午后2时投入垃圾桶内，高层业户于每天晚上将垃圾袋投入垃圾桶内，以便保洁员清运，不准把垃圾长时间摆放在门口、走廊或楼梯间。

（2）严禁在小区内随地吐痰、乱丢纸屑、烟头、果皮及瓜壳，违者罚款_____元。

（3）不准乱倒垃圾、杂物、污水和随地大小便，违者罚款_____元。

（4）禁止把垃圾、布屑、胶袋等杂物投入厕所或下水道，如因使用不当导致堵塞或损坏，业户应负全部修理费用。

（5）小区内任何公共地方，均不得乱涂、乱画、乱贴及乱竖指路牌、广告牌等，违者负责清除和粉刷费用；如属小孩所为，则由家长负责。

（6）养宠物必须符合政府的有关规定。

（7）业户装修完毕后，应立即清扫，不得将废物弃于走廊、楼梯道及公共场所。

（8）区内商业网点不得在公共场所、走廊堆放物品或占用公共场地扩大营业场地，应在指定地方放置垃圾桶，不得造成蚊蝇滋生。

（9）业户不得向室外（即窗外或阳台外）倾倒污水、抛丢纸屑、烟头、杂物等，违者罚款_____元。

（10）凡违反以上规定者，物业公司有权根据政府有关卫生管理规定或城市管理规定给予处罚，或在公共场所公布其行为。

四、附则

（1）本公约由环境管理部主持制定，其修改、解释权归环境管理部所有。

（2）本公约经总经理批准后，自颁布之日起实施。

编制		审核		批准	

制度08：物业绿化管理制度

<table>
<tr><td rowspan="2">文件名称</td><td rowspan="2">物业绿化管理制度</td><td>编号</td><td></td></tr>
<tr><td>版本</td><td>A／0</td></tr>
<tr><td colspan="4">

一、目的

为加强所辖小区绿化管理工作，特制定本制度。

二、适用范围

适用于小区各项绿化管理工作。

三、内容

（1）绿化工作人员必须服从管理，听从指挥。

（2）绿化工作人员必须遵守岗位职责和工作范围，尽心尽力做好绿化工作。必须熟悉掌握园艺技术，提高环境容貌质量，为业户提供优质服务。

（3）绿化工作人员负责小区内绿化范围内树木花草的培植、养护，包括除杂草、施肥、喷水、修剪、除虫、清洁等工作；包括小区内重要部位和重大节假日选花、配花、摆花的养护工作。

（4）绿化工作人员有责任要求业户爱护公共绿地，发现有意破坏的现象，要及时劝阻和制止，严重的要报告上级来处理。

（5）绿化工作人员在工作过程中要佩戴工号牌并着工作服，注意仪表整洁，讲话要和气，待人态度要诚恳，热情大方；要遵纪守法，不得损公肥私，要严格遵守各项规章制度，要以物业小区的利益为重，尊重业户利益，不得损害业户利益，影响物业小区形象。如有违反有关规定者将予以严肃处理。

（6）绿化工作人员应不断学习专业知识，积累经验，努力提高技术水平和服务质量，厉行节约，反对浪费。

四、附则

（1）本制度由环境管理部主持制定，其修改、解释权归环境管理部所有。

（2）本制度经总经理批准后，自颁布之日起实施。

</td></tr>
</table>

编制		审核		批准	

制度09：绿化美化达标标准

文件名称	绿化美化达标标准	编号	
		版本	A／0

一、目的

为了确保小区绿化工作达到要求，特制定本标准。

二、适用范围

本标准适用于小区绿化工作。

三、内容

1．花圃

（1）地面：无杂草、脏物、杂物，通道干净畅通。

（2）花盆：同一品种的花卉堆放集中、整齐，阳性植物和阴性植物分别堆放。

（3）农药、材料、工具集中摆放。

2．住宅楼外围

（1）树木：树上无枯枝、枯叶，造型独特，地面四周无杂草和脏杂物。

（2）绿化带：修剪整齐、高矮一致、种植稠密，无枯枝、黄叶，无大面积虫斑，地面无杂草和杂物。

（3）草坪：修剪整齐，高度在5厘米以下，种植稠密、无大面积枯死，草坪内无杂草和脏杂物。

（4）树盆：修剪及时、高矮一致，无枯枝黄叶，盆内无杂草和脏杂物，摆放整齐。

（5）花坛：修剪整齐、高矮一致，无枯枝黄叶，坛内无杂草和脏杂物，坛内草坪修剪整齐，高度在5厘米以下，种植稠密、无大面积枯死。

（6）花盆：堆放整齐，造型别致、层次分明，叶面无黄叶，盆内无杂草和杂物，盆内不允许有土无苗或死株。

3．住宅楼内

（1）花盆：堆放整齐、造型别致、层次分明，叶面无黄叶，盆内无杂草和杂物，盆内不允许有土无苗或死株。

（2）树盆：摆放整齐，叶面无黄叶，盆内无杂草和杂物，盆内不允许有死株。

四、附则

（1）本标准由环境管理部主持制定，其修改、解释权归环境管理部所有。

（2）本标准经总经理批准后，自颁布之日起实施。

编制		审核		批准	

制度10：住宅小区绿化养护制度

<table>
<tr><td rowspan="2">文件名称</td><td rowspan="2">住宅小区绿化养护制度</td><td>编号</td><td></td></tr>
<tr><td>版本</td><td>A／0</td></tr>
<tr><td colspan="4">

一、目的

为了加强小区绿化养护管理，特制定本制度。

二、适用范围

适用于对小区所有绿化工作人员的管理。

三、内容

1．草坪的养护

（1）草坪要经常进行修剪，使之保持完美、平整。

（2）保持浇水并尽量浇透，夏季每天一次，其他季节每周2～3次。

（3）及时清除杂草，保持土壤养分供种植草生长。

（4）施肥尽量做到勤施薄肥，使草能均匀生长。

（5）注意病虫害防治，根据病虫害的发生规律，在病虫害发生前，采取有效措施加以控制。

2．乔、灌木的修剪、整形

（1）根据树木的特点、观赏功能的需要来修剪。

（2）了解不同类型树木的修剪要点及技术规范要求。

（3）修剪前要仔细观察，要按照因地制宜、因树修剪的原则，做到合理修剪。

（4）剪下的树条要及时集中清运处理。

（5）乔木应在休眠期或秋季修剪，绿篱在1至3季度长期修剪。

3．花草树木的浇水

（1）乔、灌木浇水的目的是防止土壤干燥，促进植物的生长。

（2）植物浇水时间夏季在早晚为宜，冬季在中午为宜。

（3）新栽植物根浅，抗旱能力差、蒸发量大，故应保证一次浇透。

（4）浇水量根据植物品种来决定，旱生植物、深根植物少浇水，荫生植物、浅根植物不耐旱，应多浇水。

4．室内绿化的管理养护

（1）室内观叶植物一般隔天喷洒一次水，个别品种可视其生长特性一天喷淋一次。每次喷淋后，应及时用拖布拖干地上水迹。

（2）每周对植物叶片抹拭清洁一次，对花盆底碟清洗一次。

</td></tr>
</table>

（续表）

(3) 定期更换室内植物位置，及时浇花，做好节日或特殊接待任务的环境绿化布置工作。 (4) 每天要清理黄叶，大叶观赏植物的叶片如有小部分枯黄时可用花剪将枯黄叶部分剪去。对于攀爬植物应注意牵引或固定。 (5) 所有室内人造植物隔天清洁一次，如发现造型有损坏或有脱落的枝叶应及时进行修补。 (6) 工作时要注意客户情况，不要妨碍顾客活动，更不能将水溅到客户身上。 5．花草树木的施肥 (1) 乔、灌木施肥的目的是促进植物生长，增加绿化、花卉的观赏价值。 (2) 根据生长需要，适量施有机肥（垃圾肥、饼肥）、无机肥（氮、磷、钾、复合肥）。 (3) 施肥中要注意有机肥多用作基肥，无机肥多用作撒施、喷施和根施追肥。 (4) 在植物枝叶黄瘦、发芽前、孕蕾期、花落后应多施肥，在枝叶肥壮、发芽后、开花前、雨季应少施肥，新种花木、盛暑时、花木休眠时不施肥。 (5) 施肥时间一般在阴天或傍晚为好，施肥后要及时淋水，次日早上再淋一次。 **四、附则** (1) 本制度由环境管理部主持制定，其修改、解释权归环境管理部所有。 (2) 本制度经总经理批准后，自颁布之日起实施。

编制		审核		批准	

制度11：病虫害防治管理制度

<table>
<tr><td rowspan="2">文件名称</td><td rowspan="2">病虫害防治管理制度</td><td>编号</td><td></td></tr>
<tr><td>版本</td><td>A／0</td></tr>
<tr><td colspan="4">一、目的
为了加强对病虫害的防治，特制定本制度。
二、适用范围
适用于小区所有绿化工作人员。</td></tr>
</table>

（续表）

三、内容 （1）花木常见的病虫害有青枯病、黑斑病、白粉病、蚜虫、蚧壳虫、螨虫等。 （2）对病害的防治：避免过密地栽植，注意植物透光，配搭适当的复合肥料，促进植株健壮发育，防治徒长，发病期间可用50%拖布津、百菌清、退菌灵800～1000倍液每隔7～10天连喷3～5次。 （3）对虫害的防治：在植株发梢期喷1～2次40%氧化乐果800～800倍液防治蚜虫，在植株叶面转绿期喷1～2次40%氧化乐果800～800倍液或敌敌畏、亚胺硫磷1000～2000倍液防治蚧壳虫和螨虫。 （4）在冬天季节可用石灰水加盐或石硫合剂涂白树干，以消灭在树皮内越冬的害虫及防治爬虫上树产卵。 四、附则 （1）本制度由环境管理部主持制定，其修改、解释权归环境管理部所有。 （2）本制度经总经理批准后，自颁布之日起实施。

编制		审核		批准	

制度12：绿化管理考核标准

文件名称	绿化管理考核标准	编号	
		版本	A／0

一、目的

为加强对绿化工作管理，特制定本标准。

二、适用范围

适用于公司绿化管理考核工作。

三、内容

1．草坪组考核标准

（1）草地无石块、纸屑、垃圾等杂物，维护草地的卫生清洁，保洁率达99%以上。

（2）草地不被人践踏，被破坏的能及时补植，草地完整率达98%以上。

（续表）

(3) 清除杂草，草地纯度达95%以上。

(4) 适时适当浇水施肥，长势良好，绿地隔离设施完好。

(5) 遵守物业公司的有关规章，完成上级及园艺工程师交办的其他工作。

2. 修剪组考核标准

(1) 适当松土、施肥，保持花木适当生长，使鲜花飘香、绿树成荫。

(2) 整形、修剪满足园林功能要求及其生长特性，造型优美，景观丰富。

(3) 适时对花木进行培土、树干涂白，防风害、日灼。

(4) 对遭受自然和人为损害的花木及时修补、扶持和补苗。

(5) 遵守物业公司有关规章，完成上级及园艺工程师交办的其他工作。

3. 剪草组考核标准

(1) 监督草地管理，确保在草地无石子的条件下剪草。

(2) 草保持在3～5厘米高度，适时剪草，修剪平整、美观。

(3) 正确并熟练使用园林机械，熟悉草地概况，剪草时避开不安全的地方，确保机械的正常运转。

(4) 定期清洁和检修园林机械。

(5) 遵守物业公司有关规章，完成上级及园艺工程师交办的其他工作。

4. 植保组考核标准

(1) 病虫害防治以预防为主，不污染环境。

(2) 熟悉相关病虫害发生的环境条件、发生规律和防治办法。

(3) 预防草地病虫害，保持草地嫩绿。

(4) 预防乔、灌木病虫害，使花木生长健壮，枝叶茂盛，鲜花飘香。

(5) 遵守物业公司有关规章，完成上级及园艺工程师交办的其他工作。

四、附则

(1) 本制度由环境管理部主持制定，其修改、解释权归环境管理部所有。

(2) 本制度经总经理批准后，自颁布之日起实施。

编制		审核		批准	

第二节　物业环境专项表格管理

良好的、全面的保洁绿化管理记录表格，有助于对保洁、绿化人员工作加以监控，也有助于对保洁绿化的质量状况加以了解。所以，一些规范的管理表格不可缺少。

表格01：保洁员（各物业项目）编制表

保洁员（各物业项目）编制表

保洁区域	工作时间	人员岗位设置	
		保洁员	领班
合计总编制：　　人			

表格02：主要清洁设备设施表

主要清洁设备设施表

设备设施名称	数量	单价	专/共用	使用年限

表格03：清洁区域分工安排表

清洁区域分工安排表

年　月　日

姓名	日期	地点	负责区域	上下班时间	备注

表格04：室内卫生检查表

室内卫生检查表

月份：　　　　　　　　　　　　　　　　检查人员：

检查日期	受检人员	检查项目																不合格次数	处理意见
		消防管	电表箱	电子门	消火栓	信报箱	走廊	墙面	窗户	开关	天台	雨篷	楼道梯级	楼道地面	楼道灯具	扶手	自行车房		
1																			
2																			
3																			
4																			
5																			
……																			
30																			
31																			

注：合格在记录栏内打“√”，不合格时在对应栏内打“×”，并注明不合格原因。

表格05：室外卫生检查表

室外卫生检查表

月份：　　　　　　　　　　　　　　　　　　　　编号：

检查日期	检查人员	检查内容																	不合格次数	处理意见
		人行道	散水坡	排水沟	停车场	单车棚	游乐场	卫生间	垃圾池	马路	岗亭	雕塑	绿地	标识牌	宣传栏	路灯	污水井	喷水池		
1																				
2																				
3																				
4																				
5																				
6																				
……																				
30																				
31																				

注：合格在记录栏内打“✓”，发现不合格时在对应栏内打“×”，并注明不合格原因。

表格06：地面清洁每日检查表

地面清洁每日检查表

年　月　日

序号	检查区域	检查记录	检查时间	被检人确认	备注
1	地面停车场				
2	地下停车场				
3	路面				
4	会所				
5	……				

环境管理部经理：　　　　　　保洁主管：　　　　　　检查人：

表格07：环境清洁周检查表

环境清洁周检查表

编号：　　　　　　　　　　　　　　　检查人员：　　　　　　　　　　　　　　年　　月　　日

受检人员	检查项目							检查时间	检查结果	处理结果
	果皮箱	垃圾屋及地面	大理石地面	地毯	进出口雨篷	楼内公共门、玻璃门、消防栓、楼梯扶手、栏杆、灯开关等	走廊			

环境管理部经理：　　　　　　　　　　保洁主管：　　　　　　　　　　检查人：

表格08：垃圾（固体废弃物）清运登记表

垃圾（固体废弃物）清运登记表

部门：　　　　　　　　　　　　　　　　　　　　　　　　　　　年　　月

日期	清运时间		固体废弃物清运数量（车）						清运合计	清运效果	检查人	备注
	早上	下午	一般垃圾		可回收垃圾		有害垃圾					

表格09：工具、药品领用登记表

工具、药品领用登记表

工具/药品名称	领用人	领用日期	领用人签名	备注

表格10：消杀服务记录表

消杀服务记录表

年　月　日

项目/记录/地点	灭蚊蝇、蟑螂		灭鼠		死鼠数量	消杀人	监督人	备注
	喷药	投药	放药	堵洞				
垃圾池								
垃圾中转站								
雨污水井								
化粪池								
管道、管井								
沉沙井								
绿地								
楼道								
车库								
食堂、宿舍								
地下室								
设备房								
仓库								
商业网点								
会所								

制表：

表格11：盆栽更换验收表

盆栽更换验收表

年　月　日

更换地点	更换日期	更换数量	新换植物名称	更换原因	新换植物生长情况	验收人	备　注

环境管理部经理：　　　　　　　　绿化主管：　　　　　　　　绿化管理员：

表格12：绿化工作每日检查表

绿化工作每日检查表

年　月　日

检查内容	合　格	不合格原因	责任人（岗位）	处理结果
乔木整枝				
灌木、绿篱				
造型修剪				
割剪台湾草				
树木、花卉施肥				
治病、杀虫				
树木草地浇水				
花圃花卉浇水				
除杂草				
松土				
补栽补种				
清理枯枝落叶				

（续表）

检查内容	合　格	不合格原因	责任人（岗位）	处理结果
清理绿地杂物				
防风排涝				
巡视、看管				

注：对照“绿化工作检验标准”，合格的项目打“✓”，不合格的项目在相应栏内作简要说明。

表格13：绿化养护记录表

绿化养护记录表

日期	地点	绿化养护工作内容	责任人	效果检查	检查人	备注

环境管理部经理：　　　　　　　　　绿化主管：　　　　　　　　　检查人员：

表格14：绿化养护作业记录

绿化养护作业记录

时间	地点	作业项目（工作内容）	签字	备注
月　日至　月　日				
月　日至　月　日				
月　日至　月　日				
月　日至　月　日				
月　日至　月　日				
月　日至　月　日				
月　日至　月　日				

表格15：绿化工作周、月检查表

绿化工作周、月检查表

检查人：　　　　　　　　　　　　年　　月　　日　　　　　　　　　　编号：

检查项目	合格	不合格原因	责任人	处理结果	备注
除杂草					
松土					
清理枯枝落叶					
清理绿地石块					
树木、草地浇水					
叶面清洁度					
草坪修整					
草坪补缺					
草坪填平					

参考书目

[1] 张野. 现代物业标准化管理手册. 广州：广东经济出版社，2004.
[2] 章学成. 物业经理案头手册. 深圳：海天出版社，2007.
[3] 牛军. 物业清洁管理. 广州：广东人民出版社，2005.
[4] 寿金宝，王照雯. 物业管理. 北京：机械工业出版社，2007.
[5] 潘茵. 社区物业管理. 北京：电子工业出版社，2004.
[6] 张明媚. 物业管理服务与经营. 北京：电子工业出版社，2006.
[7] 盛承懋. 物业设备管理. 南京：东南大学出版社，2003.
[8] 陈辉. 物业设备与智能化管理. 北京：中国建筑工业出版社，2006.
[9] 谭勇等. 现代物业管理实务. 北京：首都经济贸易大学出版社，2007.
[10] 王筝. 物业管理概论. 大连：东北财经大学出版社，2006.
[11] 张作祥. 物业管理实务. 北京：清华大学出版社，2006.
[12] 董藩，周宇. 物业管理概论. 北京：清华大学出版社，2005.